아름다운 것이
어찌 꽃들뿐이랴

松河 이종구 시집

배문사

아름다운 것이
어찌 꽃들뿐이랴

자서(自序)

모아 놓은 시들이 흡사 쇠그릇에 담아 놓은 가랑잎 같다. 망연자실, 부끄럽지만 후회하지는 않는다. 나는 지금까지 혼자서 그 가랑잎 같은 것들을 밟으면서 걸어왔고, 앞으로도 그렇게 남은 날들을 걸어갈 것이다. 그러나 그 날들을 지금까지 해온 것처럼 해찰해가며 게으름 피우지 않겠다. 왜냐하면 누군가에게 위로가 되고 기쁨이 되는 따뜻한 시를 쓰겠다던 나와의 약속은 시퍼렇게 살아 있고, 내게 남은 날들은 많지 않기 때문이다.

나에게 시는 하나님 다음으로 나를 지탱해 주는 힘이고 내가 보듬고 가야 할 운명 같은 것이다. 나는 지금 얼크러진 시간의 잡목 숲을 헤매다가 비로소 좁다란 시의 길목에 들어서고 있다. 내 생의 끝까지 끝나지 않을 이 길을 가기 위해 행장을 추스르기로 했다.

일흔일곱에 처음 엮은 일흔일곱 편의 시. 비록 초라해 버려질 수밖에 없는 것들이지만 살아온 삶의 분신인 걸 어쩌겠는가. 이제 다 비워내 버리고 만성체증의 불편함에서 벗어나고 싶다. 그리고 좀 더 치열하게 내 시의 길을 가고 싶다.

2021년 4월

송하 **이종구**

차 례

■ 제2부 – 앓아누운 소

■ **제3부** - 포뢰의 종소리

■ 제4부 – 떠돌이의 꿈 (고교시절 작품)

■ **제5부** – 뒤안 툇마루 (친구들의 이야기)

〈작품론〉

송하(松河) 이종구 시인의 작품 세계

장재훈(시인, 평론가)

필자는 아주 오래 전 외가가 있었던 정읍의 고촌(古村) '수금(水金) 마을'에 간 적이 있었다. 한겨울, 눈발이 드문드문 곳곳에 자리한 대숲에 내리고 파랗게 날선 겨울바람이 매섭게 불던 때였다. 그런데도 나는 추운 줄도 몰랐고 야트막한 산에 둘러싸인 그 마을이 따뜻하게만 느껴졌었다. '아, 이런 곳이 명당인 모양이구나!' 하는 감탄사가 절로 나왔다. 그런데 나중에 수수 백년 유서 깊은 이 반촌이 송하 이종구 시인의 고향이라는 것을 알게 되었다.

한 시인의 시작품 속에는 그 작품을 가능하게 하였던 어제의 요소, 곧 전통성이라든가 역사성으로 풀이될 수 있는 과거 시간과 장소가 들어 있으며, 그 기반 위에 오늘의 요소, 곧 현재성, 사회성 등으로 풀이될 수 있는 공시적 요소가 상호 배합되어 있는 법이다. 짧게나마 서두에서 송하 이종구 시인의 고향 이야기를 내비친 것은 이런 연유에서다.

1. 사물의 내부적 의미와 탐색

시는 과연 실존하는 것일까. 무엇이 오늘의 시를 구속하고 있으며 시인의 정신을 위축시키고 있는가. 시정신의 구속과 위축이 사실이라면 어떠한 방법으로 시를 구금의 상태에서 해탈할 수가 있을 것인가.

많은 시인들의 고구(考究)가 시의 활로 개척, 아니 시를 통한 인간정신의 활로 개척에 바쳐져 왔다. 그러나 시가 주는 불안은 크게 해소되지 않고 인간의 측근에서 빙빙 도는 끝없는 회전축을 벗어나지 못하고 있다.

이러한 불안의식의 고조를 해결하려는 태도에도 사회와의 연속성과 관련한 두 가지의 포즈를 들 수 있는데, 이는 시를 어떻게 이해하고 받아들이느냐의 문제와도 같다. 또한 이것은 시를 개인의 실존에만 한정시키느냐, 인간의 폭 넓은 문제들과 관련짓느냐에 대한 관심의 표명과도 연결되는 것이다.

가라앉은 밤의 무게를 저울질하며
내가 뿌린 씨앗들이 눈을 뜨는 때
그대는 어찌하여
단단히 죽어있는 대지 위에
잠 속 앓아누운 산들의 골짜기에
빈사瀕死하는 소들의 방울을 흔들어주고

나의 아픈 생각을 흔들어 주는가

불면의 가지 끝에서 새들이 날아오른다
내가 연습하고 있던 태아의 모음을 뿌리면서
눈보라 속을 허둥대는 때
겨울바람소리는 나에게
아릿한 동양東洋의 일몰을 실어오고
검은 지평선에 죽어간 시간을 잠재우지만
나는 외로운 짐승처럼 잠을 잊는다

불타는 바람소리는
속살 곳곳마다 살아서 스멀거리고
속살에서 태어나는 아픔을 키질하던 바람이여
그대는 아는가
아이들이 빈 병을 부는 골목
거짓말처럼 흰 눈이 쌓이면
가난한 숲 속에 별들이 내려 숨 쉬는 것을

최후 얼어붙은 침묵의 늪에서 하늘을 보면
손자국 난 쟁반 위에 나의 목이 뜬다
살아있는 자와 죽어있는 자의 가슴속
깊은 빗장을 두드리며
초경初經의 피를 훔치는 바람의 손끝에서

불붙는 소리가
세상 밖의 꽃밭을 흔들고 있다.

〈겨울바람소리〉 일부

시의 안팎을 통하여 척결되지 못하고 있는 만휘군상(萬彙群象)의 한계를 의식하고 과연 그것이 무엇에 연유된 것인가를 규명하는 일은 시인에게 부여된 매우 중대한 과업임에는 틀림없다.

송하(松河) 이종구(李鍾九) 시인은 참 오랫동안 시의 길을 걸어오면서 시의 문제점을 규명하는 일에만 머무르지 아니하고, 부단한 끈기를 갖고 새롭고 독자적인 방법으로 극복의 기틀을 마련해 왔으며, 마련해 가고 있다.

위에 인용한 〈겨울바람소리〉뿐만 아니라 〈떠도는 구름의 그림자〉, 〈동해 아침포구에서〉 들을 보면, 부단한 끈기야말로 시를 인간의 측근에다 영원히 살려둘 수 있는 힘이 되며, 시의 싱그러운 젊음을 유지해 갈 수 있는 원동력임을 파악할 수 있다.

송하 이종구 시인의 시적 출발은 사물의 내부적 의미의 탐색과 포착에서 시작되었다고 보여진다. 일찍이 라이너 마리아 릴케가 지적한 '사유의 절대적 수용'으로 인간과 우주와의 교감을 판단하고 정리하였던 시인의 초기시들은 대부분 대상과의 조응관계에서 현상학적 사물 파악의 방법을 꾸준히 지킴으로써 계시와 오달(悟達)의 자세를 취하고 있다.

송하 시인의 시작품을 천천히 음미하노라면 오랜 시작의 연륜을 감지할 수 있다. 인간의 비인간화를 부채질하는 인간성 부재, 반인간주의, 분파주의, 생명의 본체성을 회생이 불가능하도록 날날이 파괴하는 물신의 폭력들에 이르기까지 준엄한 꾸짖음을 서슴지 않는다.

태초에 신이 만든 것은
눈부신 빛이 아니라
차라리 그것은 어둠이어야 했다
끝없는 그리움이어야 했다

눈물나는 사랑의 뜨거움으로
화석이 되어버린 한의 조개껍질을 깨고
아- 여름은
돌아앉은 그대의 웃음소리가 그리워
먼 바다를 기웃거린다.

〈돌멩이의 시〉 일부

겨우내 그리다 구겨 던진 얼굴들
청소차에 실려서
자꾸만 교외郊外로 나가는 날
물레방아는 나의 생각들을 퍼올리고
쏟아놓기도 하면서
헛웃음치는 세상을 향해 손짓하네요

연일 두고 내리는 우수憂愁의 잔비에 젖어서
펄럭이는 깃발 하나 게양 못한 채
숨어 울던 뜨거운 눈물
그리운 바다로 혼례길 떠날 때
당신 생각 구름처럼 피어나네요

〈물레방아 그리고 봄편지〉 일부

'눈물나는 사랑의 뜨거움으로/화석이 되어버린 한의 조개껍질을 깨고' '펄럭이는 깃발 하나 게양 못한 채' 등, 송하 시인은 시의 이상마저도 예술성과 미학성, 시인성에 도달해야 한다는 데 궁극적 목표를 두고 있음을 알 수 있다. 다시 말해 아무리 힘들고 험할지라도 현상의 본질에 도달하는 길을 가겠다고 다짐함을 알 수 있는 것이다.

사실 송하 시인의 시론은 인간 감정의 우아, 비장, 관조를 생존의 가장 고답적인 것으로 간주하고, 이 감정이 소박미, 감상미, 상징미 등의 미학적 연계로 이어지기를 기대한다. 곧 미학적 요건이란 한층 구체화된 문학의 형태로 단순화, 비범화, 전체화되지 않을 수 없다는 것인데, 이렇게 시도된 시작품은 저마다 운문성, 낭만성, 상징성으로 반드시 결합되어 빛을 내고 있다.

2. 자연친화력과 창작의 정도(正度)

해 지고 달 기울고
별들도 까맣게 흐느끼던 밤
부서져 내리는 슬픔의 소용돌이 속
너를 안고 추락했더니라

날카로운 발톱에 뚝뚝 듣는
네 심장의 붉은 피
향기롭게 내 숨결 적셨더니라
오늘도 나는 적막한 지상의 뒷문 밖에서
뜨겁게 너를 안고 있느니라.

〈붉은 매발톱꽃〉 일부

그 잘난 우리가 피워 올리는 비릿한 웃음
다듬고 가꾼 얼굴들 꽃 같다 한들
이 작은 꽃들의 손톱
손톱의 손톱만큼이라도
저 무량한 하늘 닿을 수 있더냐

슬플 때 괴로울 때, 세상 낙심될 때
작은 꽃 한 포기 심어라

아플 때 그리울 때 네 손 잡아주던
너도 그런 꽃 한 송이 되어라.

〈너에게-작은 꽃〉 일부

놀란 병아리들 어미닭 날개 밑으로 숨고
할머니 가시던 먼 저승의 황톳길
조금씩 풀어져 내리네

심심한 산들은 하품을 하다가
양지쪽으로 돌아눕고
저희들끼리 푸른 솔낭구 사이로
미쳐서 어지럼증나게 진달래 피어 있네

구부정 잔등 너머로 바람난 바다
옥색치마 속살 어른거리는데
실성한 누님은 빠알간 동백꽃 한 송이 받쳐 들고
하염없이 하늘 바라보네
이쁜 애기햇살들 품속으로 파고드는데
이쁜 애기바람들 귀밑머리 간질이는데
갈까부다 갈까부다
울 엄니 속절없는 노랫가락 봄날을 넘네

〈봄 · 1〉 일부

현실에서의 실제 경험은 유기적 통일이 이루어져 치밀한 형식을 갖춘 예술작품과는 달리 무절제하며 액선트가 없는 것이 보통이다. 반면에 문학에 표현되어 있는 가상적 인생, 곧 예술적(미적)이라고 불리우는 삶은 항시 자기충족의 독립된 형식을 지닌 경험의 한 단위로서, 이 안에 내포되어 있는 요소들은 서로 긴밀한 유기적 관련을 맺고 있다.

이러한 유기적 조직은 경험을 분간할 수 있는 형태로 형상화시킬 수 있는 예술적 승화에 의하여 가능해진다. 송하 시인은 꽃, 병아리, 봄, 노랫가락, 애기햇살, 애기바람 등 자연과 계절과 멋과 흥이 어우러진 모든 것을 진경으로 보아도 좋을 만큼 표현하여 선명한 인상을 우리에게 주고 있다.

이것은 무엇 때문인가. 자연과 삶, 그의 기독교정신을 시로 만들고자 하는 시인의 일관된 의지와 오랜 시일의 노력이 결실을 거두어 이만큼의 놀라운 효과를 거두었다고 보여진다.

'날카로운 발톱에 뚝뚝 듣는/네 심장의 붉은 피/향기롭게 내 숨결 적셨더니라' 〈붉은 매발톱꽃〉에서 보여주는 시정신은 자연과의 친화력을 더욱 높이며 미세한 관찰과 사물에 대한 투시력을 통해 지금까지 도달하지 못했던 투명한 철학의 세계에까지 이르게 되었다.

'그 잘난 우리가 피워 올리는 비릿한 웃음/다듬고 가꾼 예쁜 얼굴 꽃 같다 한들/이 작은 꽃들의 손톱/손톱의 손톱만큼이라도/무량한 저 하늘 그 향기 닿을 수 있더냐' 〈너에게-작은 꽃〉 등에서는 문학적인 '한 소식' 을 얻었다고 볼 수 있다. 그 깨달음은 무엇인

가. 그것은 다음 시구에서 보듯 그가 지금까지 굴리고 가꾸어온 문학적 보편주의를 앞으로 더욱 강화시켜갈 수밖에 없다는 진실이다

'놀란 병아리들 어미 닭 날개 밑으로 숨고/할머니 가시던 먼 저승의 황톳길/조금씩 풀어져 내리네//심심한 산들은 하품을 하다가/양지쪽으로 돌아눕고/저희들끼리 푸른 솔낭구 사이로/미쳐서 어지럼증나게 진달래 피어 있네' 〈봄 · 1〉

소리개(솔개), 솔낭구(소나무) 등의 방언을 적절히 배치해 고향과 향토적인 향취를 불러일으키며, '갈까부다 갈까부다' 와 같은 판소리 춘향전의 한 대목을 인용하여 전통과 고전적인 맛까지 주고 있다.

송하 시인은 고향과 자연을 노래하면서도 결코 지난날의 추억과 연민에 사로잡혀 있지 않다. 과거시간의 회고는 현재와 미래시간의 튼튼한 축조를 위하여 장치해 놓고 있는 것이다.

우리는 믿는다. 송하 이종구 시인이 앞으로도 결코 단순한 회고나 추억에만 집착하지 않으리라는 것을.

여러 편의 시에서 우리는 송하 시인이 삶의 오열, 외로움, 서러움, 그리움, 반성 따위를 꽃과 동물과 계절 등 자연 현상과 너무도 눈물겨운 아름다움으로 합일시키는 작업에 성공함으로써 낳은 훌륭한 절창들을 볼 수 있다.

송하 시인은 이 첫 시집에서 일상적 삶의 시간이 지녀야 할 완급의 적절한 조절을 일깨워주는 철학적인 대목을 많이 보여주고

있다. 있어야 할 곳과 있지 말아야 할 곳의 구별, 해야 할 것과 하지 말아야 할 것의 확신 등, 이것이 바로 삶의 지혜로움이요, 시정신의 적절성임을 토로하고 있다.

필자는 송하 시인이 중학교 시절 이전부터 시를 써왔을 것으로 짐작하고 있다. 왜냐하면 이 시집이 첫 시집이면서도 수 십 권의 시집을 낸 시인의 작품처럼 곳곳에서 오랜 연륜과 깊고 미세한 삶의 관찰이 특히 돋보이기 때문이다.

무릇 작고 여린 것에 대한 연민, 현실의 표면에서 감추인 곳, 소외된 삶과 그곳의 사물에 대한 깊은 통찰력과 따뜻한 마음내기가 시인의 기본자세라고 할 때, 송하 시인이 이번 시집에서 보인 자연친화력은 무슨 특별한 시적인 테크닉이나 경지의 개발이 아니라 창작의 정도(正度)를 밟아온 그의 빛나는 발자취이다.

3. 진정성 있는 삶, 아름다운 삶

나직한 콧노래를 부르며
꽃씨를 받고 있었지
가을이면 우리 할머니

향 맑은 하늘에
은실 지는 머리카락
바람에 날리며 꽃씨를 받고 있었지

아 아 꿈이었을까
인생은 살고 보면 아름다운 것

꽃 같은 새각시 적
부끄럽기만 하더라는데요
서방님은 꽃 꺾어 머리에 꽂아주시고
아득히 꽃물 들던 할머니

지금은 산마루에 누워
구천九天의 별을 헤나니
꽃씨 받는 가을이면
우리 할머니.

〈꽃씨 받는 할머니〉 전문

목이 메어서 더 이상 부를 수가 없었습니다
교회에서 찬송가를 부를 때였어요
234장 '나의 사랑하는 책'
성경은 어머니가 읽으시며
눈물 많이 흘린 책이었기 때문입니다.

그러나 이 세상에 안 계시는 어머니
저는 끝내 목이 메어 3절을 못 부르고
눈물만 흘렸습니다

옆 사람이 볼까 봐서 정말 민망했습니다
슬쩍 슬쩍 눈물을 찍어냈지요
그런데, 이 글을 쓰는 지금도
자꾸만 눈물이 나네요
왜 그런지 모르겠어요, 이 나이에…
어머니 살아계실 때 효자도 아니었으면서
따뜻한 말 한 마디 제대로 하지도 못했으면서
어머니- 하고 품에 안겨 보지도 않았으면서
이렇게 눈물이 나네요

어머니가 위독하시다는 연락을 받고
서울에서 정읍까지 정신없이 달려갔을 때
어머니는 이미 세상을 떠난 뒤였지요
조금만 더 살아계시지 그냥 가셨느냐고
저는 한 없이 울었지요

〈어머니께 드리는 편지〉 일부

전라도 배들梨坪 살던 큰 외삼촌
손바닥이 발바닥 되었어도
보릿고개 넘을 수 없었네
부황 든 가족 이끌고
돌아보며 뒤돌아보며 고향 떠났네

눈 감으면 코 베어 간다는
서울의 낯선 거리
창신동 골짜기 오형제 우물 지나서
낙산駱山 꼭대기 성문 밖
빈터 하나 얼른 점령하고
얼기설기 둥지 틀었네

헤진 바지, 헤진 치마
날마다 지친 날개 퍼덕이며
동대문 시장판 공사판 오르내렸네
목숨줄 물어 날랐네

가쁜 숨 몰아쉬는 성벽 따라
세월이 흐르고
뚫린 지붕 위로 찬바람이 흐르고
외할아버지 외할머니 신위神位로 내려오시던 날
큰 외삼촌 꺼이꺼이 울었네

지금은 풀도 나무도 없는 낙산 꼭대기
얼기설기 둥지조차 없어졌지만
귀 떨어지게 추운 겨울밤
산신령 된 큰 외삼촌

콜록콜록 해소기침 낙산 능 넘어가네.

〈큰 외삼촌〉 전문

서방 덕 없는 년 자식 복도 지지리 없다는
우리 옆집 남평댁
반지하 월세 살며 고물을 줍는다

어젯밤엔
쉰 살짜리 애물단지 외아들
밤손님처럼 나타나 다 털어갔다

재수 좋아 오늘은 보도블록 공공근로
껌 딱지 떼는데
단물 쪽 쪽 다 빨리고
납작 밟혀 새까만 본새가
어찌 그리 썩을 년 팔자 같은가

늘어진 난닝구 속 다 녹은
우리 옆집 남평댁
길 바닥에 길이 없어
달챙이 주걱칼로
전생前生의 죄 박박 훑고 있다.

〈우리 옆집 남평댁〉 전문

문학정신사에서 가족적인 삶이나 역사주의에 관한 인식은 인간의 본질에 대한 물음을 인간이 이미 터잡고 살아온 가족력이나 역사의 내력에서만 밝힐 수 있다는 깨달음이다.

문학의 정신사적 탐구가 가장 중요하게 여기는 것은 시대정신, 곧 시인이 자신의 시작품에서 삶이나 역사를 어떻게 해석하고 반영하는가의 문제인 것이다. 삶은 하나의 움직임으로서 쉴 사이 없이 흐르며, 이 삶의 흐름이란 다름아닌 역사적 시간 그 자체이다. 그러므로 삶이란 바로 역사적 삶과 직결되는 의미이다.

이러한 삶은 개인의 삶이면서, 가족의 삶이며, 이웃의 삶이며, 아울러 다수의 개인들을 결합하는 공통성을 뜻하는 것이다. 혈연관계, 지역적 공동생활, 노동에 있어서의 협력, 지배와 복종의 관계 따위가 개인을 사회의 구성원으로 만드는 바탕이 된다.

삶이라고 하는 것은 어느 한 개인만의 삶이 아니라 다른 사람의 삶이기도 하며, 동시에 우리 함께 사는 역사의 세계이기도 하다. 그 때문에 우리는 문학작품에 반영된 개인, 가족, 혈연, 이웃을 통하여 삶의 내용과 그 생생한 전개과정을 구체적으로 알아보려 하는 것이다. 이런 과정을 바탕으로 우리는 송하 이종구 시인의 첫 시집을 통하여 시인의 작품 속에 깃들어 있는 삶의 정체성, 총괄성으로서의 정서와 진정성 있는 시정신을 다시금 정리해보고자 한다

시 〈꽃씨 받는 할머니〉를 휘감고 있는 것은 콧노래, 꽃씨, 가을, 향, 하늘, 은실, 머리카락, 바람, 꿈, 인생, 새각시, 서방님, 머리, 산

마루, 구천, 별과 같은 청명한 이미지와 그리움 따위로 이어지는 기본적인 질료와 소도구들이다.

이 시는 꽃씨가 다음해에 다시 꽃으로 피듯이 노년의 허전함 속에서도 새봄의 희망을 노래함으로써 쓸쓸함과 민중적 정서를 거의 완전하게 통합시킨 모습으로 이끌어 올리고 있는 수작이라고 볼 수 있다. '은실 지는 머리카락' 과 '꽃씨', '나직한 콧노래' 와 '바람에 날리는 꽃씨', '새각시' 와 '서방님', '꿈이었을까' 와 '인생은 살고 보면 아름다운 것', '향 맑은 하늘' 과 '구천(九天)의 별' 등의 대조되는 이미지와 갈등과 격차를 이렇게 애틋하고도 정감어린 표현으로 뽑아낸 시작품을 우리는 한국문학사에서 넉넉하게 확보하지 못하고 있었던 것이다.

시 〈어머니께 드리는 편지〉는 시제(詩題) 그대로 어머니에게 바치는 서간시(書簡詩)이다. 편지 형태로 알기 쉽게 쓰여진 이 시는 어머니의 삶을 누구보다도 깊이 이해하고 '따뜻한 말 한마디 제대로 하지도 못 했으면서/어머니- 하고 품에 안겨 보지도 않았으면서' 도 깊이 있는 사랑으로 감싸며, 어머니처럼 가족과 특히 아버지를 이해하려는 격려와 위로의 노래이기도 하다. 존칭어를 사용해서가 아니라 밑바탕에 흐르는 어머니에 대한 깊은 흠모와 존경심으로 인해 읽는 이의 가슴 속에 훈훈함과 눈시울이 뜨겁도록 애틋한 정서로 선명하게 전달되어 온다.

또한 우리는 신산한 삶을 다 겪고 와서 이제는 황혼기로 들어서는 시인 특유의 투명한 시선으로 삶을 조용히 정관하고 있음을 깨달을 수 있다. 이처럼 격동적이면서도 담담한, 담담하면서도 유장한 시를 대하면서, 독자들은 자기를 되돌아 살피며 가족과 혈연에 대한 반성을 하게 될 것이다. 길게 느껴질 법한 이 작품은 진정성 있는 표현으로 인하여 팽팽한 긴장과 어머니에 대한 그리움의 탄력이 살아 있어 짧게 느껴지고 단숨에 읽히는 묘한 매력이 내재되어 있는 뛰어난 시이다.

시 〈큰 외삼촌〉은 '보릿고개', '부황 든 가족', '뒤돌아보며 떠난 고향', '낯선 거리', '창신동 골짜기', '낙산 꼭대기', '성문밖', '빈터', '얼기설기 둥지 틀었네' 등 한마디로 을씨년스럽고 뒤숭숭하다. 송하 시인은 이러한 시어들과 분위기의 암시를 통하여 파탄 직전의 농촌과 먹고 살기 힘든 농민 현실을 자연스럽게 깨닫도록 해준다. '답답하고 고달프게 사는 처지가 비통하다' 라고 평시에 감추어 두었던 속마음을 '외할아버지 외할머니 신위(神位)로 내려오시던 날/큰 외삼촌 꺼이꺼이 울었네' 로 일제히 털어버린다. 그러나 이처럼 비통함을 느끼는 삶의 인식이 슬그머니 낙산 꼭대기에서 발버둥친들 무엇하냐는 식의 자기 푸념조로 떨어뜨리는 게 아니라 '산신령 된 큰 외삼촌/콜록콜록 해소기침 낙산을 넘어가네' 라고 마무리함으로써 〈꽃씨 받는 할머니〉처럼 일낱 삶의 초탈을 제시한 것으로 보인다. 영화 〈바람과 함께 사라지다〉의 끝 부분에서 절망 끝에 여주인공이 '내일은 내일의 태양이 뜰 것이다' 라고 외치는 장면을 연상시키기도 한다.

시 〈우리 옆집 남평댁〉은 서사(敍事)가 살아 있는 현실감 넘치는 참여시이다. '늘어진 난닝구 속 다 녹은/우리 옆집 남평댁/길바닥에 길이 없어/달챙이 주걱칼로/전생前生의 죄 박박 훑고 있다' 에서처럼, 남평댁은 현실에서 이루지 못한 어떤 결핍에 대한 스스로의 한과 그 치받쳐오르는 삶에 대한 역작용으로 시니컬한 삶을 살고 있다고 보여진다.

'재수 좋아 오늘은 보도블록 공공근로/껌 딱지 떼는데/단물 쪽쪽 다 빨리고/납작 밟혀 새까만 본새가/어찌 그리 썩을 년 팔자 같은가'처럼 남평댁이 흘려대는 실소(失笑)는 가히 이 작품의 핵심이자 압권이다. 마치 판소리 흥부전의 놀부나 심청가의 뺑덕어멈을 연상시키기도 하는 명대목이다. 그러면서도 독자들이 감지하는 쓸쓸한 삶의 바람소리 속에는 어떻게 할 수 없는 화자의 안타까움과 한계 의식이 담겨져 있다.

송하 시인은 일련의 시작품을 통하여 우리 문인들과 독자들에게 이렇게 말하고 있는지도 모른다. '오늘날의 우리 시들이 너무 높고, 너무 넓고, 너무 큰 것만 노래하고 있는 것이 아닌가. 그래서 잗다란 삶의 노래, 자잘한 삶의 얼룩들은 다 놓치고 있는 것이 아닌가. 시인이라면 스스로 낮고, 좁고, 작은 것들과 함께 서고, 나아가서 그것들과 하나가 되어야 하지 않을까' - 이러한 송하 시인의 목소리가 〈우리 옆집 남평댁〉을 통하여 들려오고 있다.

4. 시정신과 역사인식, 맑고 밝은 그 마음

풍성한 그늘도 모두 거둬들이고
그림자만 남아 그대 그리운 때

허둥대는 새들은 또 허구의 그늘 속에서
파닥이는 날개로 긴 편지를 써야 하리
나무들이 생각에 붙박여 흐느끼면
하늘은 또 흰 눈을 내려야 하리

그러나 어떻게 알겠느냐
그들이 왜 아픈 동상凍傷의 발가락들을 잘라내고
충만한 기쁨으로 살아나 사랑을 잉태하는지
또 다시 먼 길을 가는지

〈겨울나무〉 일부

질긴 목숨의 덩쿨손 뻗어 감아오를
한 뼘의 사랑도 없이
완강한 블록담 아래 쓰러져 우는 영혼의
낭자한 피를 보아라

뜨거운 갈망의 손끝에 와 닿는 모래성과
먼 먼 가을의 하늘나라

그대의 말처럼
세상은 동그란 호박 같기도 하고

호박처럼 살아가는 세상이긴 하지만
젖어드는 황혼 빛에 드리워서
우리 모두 어둠 속으로 스러질 때
그대여 들으라

〈호박 같은 세상〉 일부

구부러진 못 하나 펼치고 있네
늘 의도 밖으로 치닫는
배반의 뿌리 다스리지 못해
날마다 나는 숨결 고르지 못하네

갈라진 세상의 틈바구니
털털거리는 시대의 매연을 마시면서
우리의 노동은 하루에도 몇 번이나
검은 항구에 가 닿는가

표정도 없이, 안부도 없이
삐걱거리는 거리에서
우리는 옷깃을 스칠 뿐
한 모금의 뜨거운 숭늉도 나누지 못한 채

우울한 술잔 혼자 기울이고 있네

〈검은 항구〉 일부

8월 염천 북한산 순례길
무후선열 광복군묘소에 갔더니

절절 끓는 상석 위에 하얀 손수건 받쳐
검붉은 체리 두 알 놓여 있네
자손도 없고, 친척도 없고
뼈도 없이 혼만 묻힌 쓸쓸한 묘지
누가 놓고 갔을까

세상은 무역보복 경제왜란
가마솥처럼 들끓고 있는데
거꾸로 치솟은 심장의 붉은 피
타들어 말라붙고 있는데

누가 놓고 갔을까
맑고 밝은 그 마음
아아, 어른은 아닐 테고, 아닐 테고…
무덤가 패랭이꽃 가슴이 먹먹
눈시울 붉히고 섰네.

〈누가 놓고 갔을까〉 전문

실어증 앓던 산들의 골짜기
바람이 풀어 놓은 말들이
무성한 가지 타고 올라가 손을 흔드네
온 하늘 푸른 물결 출렁이네

숲 속에 앉아 있으면 그대 숨소리 들려오네
피멍든 사지로 포복匍匐하던 능선 위
쓰러진 그대, 찔레꽃 향기
닫혀진 책갈피 속에서 그 시절이 걸어나오네

군홧발에 짓이겨지던 푸른 꿈이여
앞이 깜깜해 울지도 못하던 숲이여
너는 어떻게 살아나서
떠나간 새들을 돌아오게 하고
순한 흰 곰들이 헤엄쳐가는 하늘을
우리가 보게 하는가

〈숲속에서〉 일부

참으로 내가 이 길을
몸부림으로 다할 수 있다면
펑퍼짐한 사하라 사구砂丘 쯤에서
풍경 위를 흘러가는

바람소리로
눈이나 좀 지그시 감을 것인가

여기 해와 달도 떠오르지 않고
한난계寒暖計로 잴 수 없는 어둠을 다스려
바람이 잠들면
생명을 수심水深으로 가늠하는
그립고 낯선 타향

〈길〉 일부

송하 이종구 시인의 시관(詩觀)은 시의 감각적 측면, 예술적 측면과 애국적 측면, 윤리적 측면이 서로 대치하려는 시인식(詩認識)을 전환기 한국시의 중요한 전환점으로 포착하고, 시적 유형의 모든 속성을 하나의 원론으로 통일시키려는 의지적 체계로 나타난다.

송하 시인은 시의 광역을 우주, 세계, 인식, 가치 등으로나누고 있으며, 예술적인 생명, 감성, 시어(詩語) 등은 그리하여 하나의 에스프리로 납득된다.

문학을 해석하는 태도에서 절대적 중간이란 영원히 불가능한 것인지도 모른다. 관념을 받아들이는 범위의 양상에 따라서 태도는 한 방향으로 저절로 기울게 마련이기 때문이다. 그러므로 관념 시비의 문학논쟁은 대개 시대와 예술의 문제와 결부되어 이루어져 온 것이 잦은 경우였다.

시인의식이 역사의 변화에 어떻게 대응하느냐에 따라서 예술적 이상과 표현의 양식은 구체화되어서 나타난다. 논리가 명확한 시인일수록 이상과 표현양식간의 불화가 더욱 두드러지는 듯하다. 보다 정제된 논리를 요구하는 심리적 부담이 시인에게 인식의 획일주의를 강요하기 때문일 것이다. 그러므로 인식논리가 보여주는 일관성, 통합성의 제시는 표현구조에서 오히려 변조를 드러내기가 십상이다

대개의 시인들은 논리상의 해조(諧調)와 작품 전개의 변조가 완전히 상합되기를 바라는 꿈을 갖고 있지만, 이 끝없는 시지프스적 꿈의 시도에서 시인은 무수한 형태상의 혼란을 경험한다.

그러나 송하 시인은 기독교 신앙과 시언어의 전통적 기반을 따뜻한 사랑과 예술적 미학성에 합일시키는 데 궁극적 목표를 두고 있다. 따라서 그의 시론은 일견 완벽한 조화로움의 체계를 취하고 있는 것으로 보인다.

'그들이 왜 아픈 동상(凍傷)의 발가락들을 잘라내고/충만한 기쁨으로 살아나 사랑을 잉태하는지' 〈겨울나무〉 중에서

'질긴 목숨의 덩굴손 뻗어 감아오를/한 뼘의 사랑도 없이/완강한 블록담 아래 쓰러져 우는 영혼의/낭자한 피를 보아라' 〈호박같은 세상〉 중에서

'갈라진 세상의 틈바구니/털털거리는 시대의 매연을 마시면서/우리의 노동은 하루에도 몇 번이나/검은 항구에 가 닿는가' 〈검은 항구〉 중에서

'세상은 무역보복 경제왜란/가마솥처럼 들끓고 있는데/거꾸로 치솟은 심장의 붉은 피/타들어 말라붙고 있는데' 〈누가 놓고 갔을까〉 중에서

'군홧발에 짓이겨지던 푸른 꿈이여/앞이 깜깜해 울지도 못하던 숲이여/너는 어떻게 살아나서/떠나간 새들을 돌아오게 하고/순한 흰 곰들이 헤엄쳐가는 하늘을/우리가 보게 하는가' 〈숲속에서〉 중에서

'참으로 내가 이 길을/몸부림으로 다할 수 있다면/펑퍼짐한 사하라 사구砂丘 쯤에서/황량한 풍경 위를 흘러가는/바람소리로 눈이나 좀 지그시 감을 것인가' 〈길〉 중에서

위에 인용한 〈겨울나무〉, 〈호박 같은 세상〉, 〈검은 항구〉, 〈누가 놓고 갔을까〉, 〈숲속에서〉, 〈길〉뿐만 아니라 대다수의 작품 속에서 우리는 송하 시인의 시정신과 역사인식을 읽을 수 있다.

시정신과 역사인식의 갈등구조와 그 양상이 송하 이종구 시인의 작품에서 어떤 방식으로 지속되고 극복되어져 가는가를 필자

는 조금이라도 규명해 보려고 노력해 보았다.

또한, 어려운 상황 속에서도 조금도 쉬지 않고 활발하게 생명활동을 할 것을 부단히 꿈꾸면서 살아가는 송하 시인의 시정신을 파악해 보고자 노력해 보았다.

허나 자연의 리듬과 우주에서 들려오는 영혼의 소리를 교감하면서, 새로운 긍정과 의지의 불을 지피고 있는 송하 시인을 그리기에는 필자의 필력이 충분히 미치지 못했음을 토로한다. 차후 좀 더 고구(考究)하여 충실한 작품론을 쓸 기회가 있기를 기대하며, 첫 시집 상재를 깊이 머리 숙여 경하드린다.

장재훈(본명 장철주)
전주 출생.
시 〈표현〉, 〈현대시학〉 평론 〈창작산맥〉 등단
은요일문학회, 포엠만경 · 청문학 · 황토시 동인
표현문학상, 원광문학상 수상
시집 〈길, 문득 사라지고〉 〈도망자가 숨어 있다〉 등
성동문화재단 은빛문단 지도교수

제1부

봄 같지 않다

붉은 매발톱꽃

너를 보낸 건 잘못이었다
보고파서 그리워서
천년도 더 되게 가슴 앓았더니라
천상天上의 시치미 떼고
구만리 장천 널 찾아 헤맸더니라

해 지고 달 기울고
별들도 까맣게 흐느끼던 밤
부서져 내리는 슬픔의 소용돌이 속
너를 안고 추락했더니라

날카로운 발톱에 뚝뚝 듣는
네 심장의 붉은 피
향기롭게 내 숨결 적셨더니라
오늘도 나는 적막한 지상의 뒷문 밖에서
뜨겁게, 뜨겁게 너를 안고 있느니라.

(2020. 05)

춘래도 불사춘

아서라, 꽃 핀다고 봄이더냐
요놈의 코로나 세상, 살 맛이 안 나
콧바람이라도 쐬어 볼까 나섰더니
산동네 고샅길 민들레 피어 있네

끼니 걸러 키 작은 아이들
해바라기하던 곳
양지바른 블록 담 아래
다리 저는 바람 혼자 놀고 있네
지게 등짐 숨찬 아버지
깔끄막길 올라서 이렇게 말했지
아서라, 꽃 핀다고 봄이더냐

굽이굽이 세상은 멀기만 하드라
갈라진 나라, 갈라진 틈새 끼어
평생 앓아 온 학질瘧疾* 같은 세월
양지에 가면 너무 덥고
그늘에 가면 너무 춥고
꽃인들 아니 그랬으랴
금계랍金鷄蠟* 같은 얼굴

훨훨 날아 잘 살아라
날려 보낸 어머니의 꽃씨
아직도 그 고개 넘지 못하였고나

아서라, 꽃 핀다고 봄이더냐
요놈의 코로나 세상
황사 낀 하늘 아래 민들레도 쓰게 웃는
춘래도 불사춘春來不似春.

(2020. 09)

*학질: 말라리아(malaria)의 한자 이름. 몸을 벌벌 떨며 주기적으로 열이 나는 병.
*금계랍: 말라리아 치료제 '키니네'를 이르는 말. 노랗고 동글남작한 알약으로 맛이 엄청 쓰다.

쬐그만 그 집 정원

나는 오늘도 그 집을 지나서 왔네
울타리도 없는 길가 조그만 집
너댓 평 미니정원엔 어여쁜 꽃들이 피어 있네
빨갛고 노랗고 그립고 하이얀 꽃들이
도란도란 얘기하며 웃고 있네

그 집 새댁은 철따라 꽃모종을 구해다 심고
꽃나무들은 주인 따라 열심히 제 꽃을 피워 올리네
어떻게 알았는지 그곳에 가면
저 뒷동네에서 찾아 온 나비 두어 마리
팔랑팔랑 나처럼 머물다 가네

아마 그 집 신랑도 일찍 퇴근한 날이면
하푸 하푸 세수를 하고, 머리를 탈탈 털고
정원으로 난 뒷문의 커튼을 살짝 밀치고
문턱 아래 꽃들을 찬찬히 들여다볼 것이네

하지만 그 젊은 신랑은 모를 것이네
자기 집 쬐그만 정원에
낮이면 햇볕이 조금 더 천천히 머물다 가고

밤이면 하늘이 이슬을 조금씩 더 내려 준다는 걸
모를 것이네
지 시악씨에게 쪼그만 꽃씨 하나 숨어들어서
꼼지락 꼼지락 싹트고 있다는 걸.

(2020. 05)

너에게 - 작은 꽃

찬찬히 들여다보아라
이 작은 꽃들의 작은 웃음
눈비에 씻기어 이 골짜기에 피었나니

휘청거리는 생각의 등 뒤에 선
따스한 햇빛 한 줌
거들먹거리는 구름의 어깨 슬쩍 밀치고
아픈 세상의 이마 살짝 짚어 주고 갈 때
이 작은 꽃들의 눈가에 고이는
한 방울의 눈부신 눈물
그 환한 웃음을 들여다보아라

그 잘난 우리가 피워 올리는 비릿한 웃음
다듬고 가꾼 예쁜 얼굴들 꽃 같다 한들
이 작은 꽃들의 손톱
손톱의 손톱만큼이라도
무량한 저 하늘 그 향기 닿을 수 있더냐

슬플 때 괴로울 때, 세상 싫어질 때
작은 꽃 한포기 심어라
아플 때 그리울 때 네 손 잡아주던
너도 그런 꽃 한 송이 되어라.

(2020. 05)

그해 초겨울

해설피 부는 바람에 쓸쓸해져서
노래를 불렀네 그대와 부르던 그 노래
만취한 하늘은 어둠 속에 드러눕고
별이 된 얼굴 하나 창문으로 다가와
갇힌 나를 내려다보았네

팝콘처럼 팍팍 터지던 웃음들이
회한의 멍 자국에서 살아나
하나, 둘, 꽃으로 피어나고
나는 새순처럼 돋아난 추억을 밟으며
사부작사부작 옛길을 되짚어 걸었네

날아오르지 못한 나의 꿈들이
잃어버린 시간의 가지 끝에서 톡톡 터져
눈가루 뿌리는 길목
면류관을 쓴 나무들이
비손으로 슬픔을 마름질하고 있었네

노래가 되지 못한 말들이
콜록콜록 밭은기침을 하는 밤
나는 떨어진 관식冠飾들을 밟으며
얼어붙은 하늘의 뜨거운 별 하나
가슴에 품었네. (2019. 12)

몽탄역(夢灘驛)을 지날 때

아조 떠나왔어도 고향은 고향이어라우
암도 안 살어도 고향은 고향이어라우

쬐끔만 더 가면 몽탄역이 나오는디
거그가 내 고향이어라우
꿈몽夢 자, 여울탄灘 자
'꿈여울' 얼매나 이뿐 이름이요 잉

아, 쩌어그 저 갱변
나가 시집가던 날, 울 엄니 저그 서서
눈물바람 콧물바람 했지라우
나는 뒤돌아봄서 뒤돌아봄서
발걸음이 안 떨어지고…

그때가 엊그저끄 같은디
폴시 이렇게 늙어버렸소
영판 저그 저 꿈여울맹키로
참말로 한 평생이
눈 깜짝 흘러갔소.

(2019. 12)

* 몽탄역(夢灘驛)은 호남선 전라남도 무안에 있다.

낙엽은 서럽지도 않고

어쩔거나, 이 노릇을
간밤 비바람에 모두 총 맞았구나
초토가 된 가로수길을
구멍 난 가슴으로 걷고 또 걷는다

안녕, 안녕, 인사도 없이
멀어져 간 젊은 날이여
그대는 지금 어디에 있는가

이별은 아직 끝나지 않고
빈 가지에 낮달로 걸려
그날처럼 코끝이 아린데

낙엽이여,
너는 왜 서럽지도 않고
이렇게 눈부시게 눈부시게 아름다운가.

(2020. 11)

어떤 바람

네가 온 줄 어찌 알겠느냐
살며시 나의 등 뒤로 다가와
두 어깨 감싸지 않았다면

어둠의 먼 바다
적막한 시간의 수평선에 갇혀
얼굴 묻고 울다가
흩어진 머리카락 쓰다듬으며
헛웃음으로 달려왔어도
난들 어찌 알겠느냐

하루를 열고 나와
하루를 닫고 가는 태양의
말아 올린 정강이
붙들어 잡고 매달리던
뜨거운 너의 울음소리
후드득 후드득 빗방울 듣는데

황망한 수풀은
제 그림자 밟으며 쓰러지고
풀어 헤친 가슴으로 품어 안는
깡마른 달

가던 길 돌아서지 않는다면
들끓던 내 안의 기다림
넌들 어찌 알겠느냐.

(2019. 10)

누가 놓고 갔을까

8월 염천 북한산 순례길
무후선열 광복군묘소에 갔더니
절절 끓는 상석 위에 하얀 손수건 받쳐
검붉은 체리 두 알 놓여 있네

자손도 없고 친척도 없고
뼈도 없이 혼만 묻힌 쓸쓸한 묘지
누가 놓고 갔을까

세상은 무역보복 경제왜란
가마솥처럼 들끓고 있는데
거꾸로 치솟은 심장의 붉은 피
타들어 말라붙고 있는데

누가 놓고 갔을까
맑고 밝은 그 마음
아아, 어른은 아닐 테고, 아닐 테고…
무덤가 패랭이꽃 가슴이 먹먹
눈시울 붉히고 섰네.

(2019. 08)

우리 옆집 남평댁

서방 덕 없는 년, 자식 복도 지지리 없다는
우리 옆집 남평댁
반지하 월세 살며 고물을 줍는다

어젯밤엔
쉰 살짜리 애물단지 외아들
밤손님처럼 나타나 다 털어갔다

재수 좋아 오늘은 보도블록 공공근로
껌 딱지 떼는데
단물 쪽쪽 다 빨리고
납작 밟혀 새까만 본새가
어찌 그리 썩을 년 팔자 같은가

늘어진 난닝구 속 다 녹은
우리 옆집 남평댁
길 바닥에 길이 없어
달챙이 주걱칼로
전생의 죄 박박 훑고 있다.

(2019. 07)

바보 같은 나의 詩 · Ⅱ

나의 詩는 여태껏
누군가에게
한 숟갈 따뜻한 밥도 되지 못하였네
한 숟갈 밥도 퍼주지 못하였네

한 숟갈 밥만큼도 힘이 없는 나의 詩
한 숟갈 밥만큼도 맛이 없는 나의 詩

꾹꾹 눌러 뜨는 한 숟갈의 밥
목울대로 넘어가는
한 숟갈의 분노와
한 숟갈의 슬픔 앞에서
나의 詩는
한 마디 부끄러움도
한 주먹의 욕지기도 토하지 못하였네

주변머리 없고 어눌한
바보 같은 나의 詩는.

(2019. 06)

붉은 장미꽃 한 송이

깜깜한 내 영혼의 작은 방
붉은 장미꽃 한 송이 피어 있네
날 사랑하시는 분
장미꽃 같은 붉은 피 내 안에 흐르네

눈 감아도 앞길 가로막는,
내 괴로움과 쓸쓸함의 모든 것
눈 떠도 앞길 가로막는,
내 기다림과 간절함의 모든 것
다 아시는 분
내 마음 붉게 붉게 물들이시네

귀를 막아도 들리는 나의 모든 것
귀를 열어도 들리지 않는 나의 모든 것
다 아시고 들어 주시는 분
내 마음의 비인 방
붉은 장미꽃 향기로 채워 주시네

아, 그런데도 나는 그 꽃 껴안지 못하였네
가시에 찔릴까 두려워
붉은 피 꽃 같은 잔 마시지 못하였네.

(2019. 05)

산벚꽃

그대 웃었네
하얀 산벚꽃 아래서
꽃처럼 웃었네

산벚꽃은 다 피어도
흐드러지지 않는 꽃
다 떨어져도 잊어지지 않는 꽃

산벚꽃 떨어져 바람에 날렸네
하얀 그대 웃음
물 위에 떠서 흘러갔네

구름은 몇 번이나
그 자리 찾아와 울었던가
울다 돌아갔던가

산벚꽃 야윈 가지
찬바람에 흔들리고
어룽진 그대 얼굴 허공에 맴도네

그대여 가지 마라
산벚꽃 붉은 잎 떨어지네
붉은 입술 땅에 입 맞추네.

(2019. 03)

봄 · Ⅱ

바다 너머 외딴 섬
얼어붙은 골짜기
유배 풀린
그 사내

풍문도 없이 올라와
고샅 집집 기웃대더니
어젯밤
적막하던 과수댁
등불 꺼졌네

자욱한 어둠 속
땀 냄새 분 냄새
눈부신 별들
밤새 부서져 내리고

아침 안개 혼곤한
그 집 안마당
매화 한 송이
발그레 벌었네.

(2019. 02)

들어본 적 없는 소리

참 근엄하고 거룩한 내 친구
우리 집에 들어설 땐 언제나
인사도 깍듯하지

하지만
술상 차려 몇 순배 돌면
늘상 먼저 취해서
내 말끝마다 추임새를 넣네
× 까는 소리 하고 있네

하 - 오늘도
그 친구 그러다 간 뒤
아내가 물었네
당신도 들어봤어요 그 소리?

(2019. 02)

포스터시티에서

시차 극복을 걱정하던 아내가
코를 골고 있다

전동 굴착기로
드르렁 드르렁
캘리포니아만灣 어둠 허물고 있다

무너져 내린 어둠이
태평양 심해로 가라앉고
동해에서 온 파도가
하얗게 웃으며
뒤따라 온 시간을 지우고 있다

샌프란시스코 공항 이륙한
여객기 한 대
찡긋 웃으며 돌아가고 있다.

(2019. 01)

큰 외삼촌

전라도 배들梨坪 살던 큰 외삼촌
손바닥이 발바닥 되었어도
보릿고개 넘을 수 없었네
부황 든 가족 이끌고
돌아보며 뒤돌아보며 고향 떠났네

눈감으면 코 베어간다는
서울의 낯선 거리
창신동 골짜기 오형제 우물 지나서
낙산 꼭대기 성문 밖
빈터 하나 얼른 점령하고
얼기설기 둥지 틀었네

헤진 바지, 헤진 치마
날마다 지친 날개 퍼덕이며
동대문 시장판 공사판 오르내렸네
목숨 줄 물어 날랐네

가쁜 숨 몰아쉬는 성벽 따라
세월이 흐르고
뚫린 지붕 위로 찬바람이 흐르고
외할아버지 외할머니 신위神位로 내려오시던 날
큰 외삼촌 꺼이꺼이 울었네

지금은 풀도 나무도 없는 낙산駱山 꼭대기
얼기설기 둥지조차 없어졌지만
귀 떨어지게 추운 겨울밤
산신령 된 큰 외삼촌
콜록콜록 해소기침 낙산을 넘어가네.

(2018. 12)

단풍잎이 바람에게 전하는 말

서둘러 떠밀지 마라
때가 되면 다 떠난다

젖어 있는 슬픔이 마를 때까지
살랑거리게 해 다오

그러다 지쳐 손 놓게 될 때
온힘 다해 밀어 다오
아주 멀리 멀리 날려 다오

세월이 공중제비 돌아도
가는 길, 때가 있나니.

(2018. 10)

파리

파리 한 마리가
툭 하고 내게 부딪쳐 고꾸라진다

죽을 때가 되어 떨어진 파리는
바르르 떨며 다리를 비빈다

죽으면서도 다리를 비비는
파리의 임종을 지켜보다가
문득 내 손을 들여다본다

다락논 같은 두 손바닥
한생의 손금이 희미하다.

(2018, 06)

바보 같은 나의 詩 · I

자네 찌개는 아직도 맹탕이야
그 정도 끓였으면
국물이 자작하게 우러나서
깊은 맛이 날 때도 됐는데…

불을 제대로 지피긴 했나?
젖은 장작 같은 세월
이제야 알겠네
후후 후우 불씨 살리려다
핑 돌아 나동그라지던 하늘
자네는 온통 노랗다 했지

하지만 어쩌나
회한의 더께 삼복을 넘는데
그대 기다리는 소나기
구름조차 없고
찌개냄비 멀건 국물에
소리들만 동동 빈 칸으로 떠 있네

어이, 불 쌈 좀 높여봐
자네 온몸, 온 영혼 혼곤히 땀 좀 나게

소지공양이라도 올려야지
헛소리까지 말씀으로 우러나
얼큰 짭조름 깊은 맛나게…

자네 찌개는 아직도 맹탕이야.

(2018. 10)

가을이 오면

친구여, 우리 단풍드세
꽃보다 단풍이 몇 배나 곱다던 내 친구여
나이 들어 하늘 더 깊으니
우리 곱게 곱게 단풍드세

피어오르던 뭉게구름
밀려오던 먹구름 사라진 자리
새털구름 높이 떠있네

친구여, 살다 살다 억장 무너져
질정 없는 바람으로 떠돌 때도
소주 한 잔 곱게 물들던 내 친구여

세상은 언제나 진창 같아서
강물도 눈멀어 흐른다던 친구여
우리 가슴 할퀴며 범람하던 강물
지금은 맑아져서 서녘으로 가네
불타는 황혼 보듬고
바다에 몸을 섞네

친구여, 우리 단풍드세
푸르던 꿈, 뜨거운 피

먼 산으로 파도치며 흐르거니
친구여, 이제 우리도 가끔 흔들리며
건달처럼 단풍드세
꽃보다 곱게 곱게 단풍드세.

(2017. 11)

까끔살이

어릴 적 내 고향에서는
소꿉놀이를 까끔살이라 했네

한 평생 우리 삶이
크고 작음의 차이일 뿐
까끔살이 같네

꼬막껍질 작은 그릇에
밥이랑 반찬이랑 담아 놓고
"서방님 진지 드세요" 하던 각시

풀잎으로 머릿단 곱게 빗어 놓은
아가들 들여다보면서
"그래 밥 먹읍시다" 하던 서방님

삼십리 길 청실홍실 서로 만나서
한 평생 일궈 온 삶이
골목 끝 작은집에 곰실곰실하네

오늘도 풀 물든 시간 꺼내놓고
까끔살이하고 있네.

(2018. 02)

당신과 나

당신과 나는 산과 강물
강물은 산을 넘어가지 못하고
산은 강물을 건너오지 못하네

강물은 산의 눈물 닦아주며 흐르고
산은 강물의 울음소리 들으며 섰네

당신과 나는 산과 강물
강물은 산의 그림자 지울 수 없고
산은 강물의 속삭임 잊을 수 없네.

(2005. 08)

제2부

앓아누운 소

산길 오르며

이른 아침 산길 오르며
당신을 생각했습니다

부티 나게 귀티 나게 나이를 먹진 못해도
남루하게 나이를 먹지는 말자던 당신

좋은 향기를 전하진 못해도
악취를 풍기며 살지는 말자던
당신을 생각했습니다

남루한 삶이 자랑은 아니지만
부끄러움도 아니라던 당신,
작은 풀꽃처럼 살아도
부끄러울 것 없다던 당신

이른 아침 산길 오르며
메꽃 같은 당신을 생각했습니다.

(2005. 05)

어머니께 드리는 편지

목이 메어서 더 이상 부를 수가 없었습니다
교회에서 찬송가를 부를 때였어요
234장 '나의 사랑하는 책'
성경은 어머니가 읽으시며
눈물 많이 흘린 책이었기 때문입니다

그러나 이 세상에 안 계시는 어머니
저는 끝내 목이 메어 3절을 못 부르고
눈물만 흘렸습니다.
옆 사람이 볼까봐서 정말 민망했습니다
슬쩍 슬쩍 눈물을 찍어냈지요

그런데 이 글을 쓰는 지금도
자꾸만 눈물이 나네요
왜 그런지 모르겠어요. 이 나이에…
어머니 살아계실 때 효자도 아니었으면서
따뜻한 말 한마디 제대로 하지도 못했으면서
어머니- 하고 품에 안겨보지도 않았으면서
이렇게 눈물이 나네요

어머니가 위독하시다는 연락을 받고
서울에서 정읍까지 정신없이 달려갔을 때
어머니는 이미 세상을 떠난 뒤였지요
조금만 더 살아계시지, 그냥 가셨느냐고
저는 한없이 울었지요

그때가 벌써 12년이나 됐네요.
그런데 문득 오늘 그 어머니가
너무도 보고 싶네요
보고 싶어 눈물이 나네요
아버지는 지금도 살아계시고
비교적 건강하신 몸으로
저희 집에 함께 살고 계십니다

그런데 어머니는 안 계셔요
젊은 시절 아버지 때문에 마음고생도 더 많이 하시고
어린 자식들 때문에 몸 고생도 더 많이 하신
어머니- 보고 싶습니다

어제는 어버이 날
일산에서 종석이 부부가 서영이랑 신랑이랑 데리고
아버님 뵈러 왔다 갔어요

그리고 종원이는 내일 온대요
그리고 영금이도 오늘 오후에나 올 것 같아요

어머니, 죄송해요
생전에 별로 하지 못한 말들을
이렇게 하고 있네요
생전에 어머니 생각하면서 이렇게 울어봤더라면
얼마나 좋았을까요
그래서 더 눈물이 납니다

어머니-
이제야 저는 철이 든 것일까요
어머니 용서해주세요
대신 아버지 살아계시는 동안 더 잘 모실게요
어릴 때도, 철들어서도 미워하고 싫어했던 아버님
지금은 아니랍니다
마음속에서 저절로 울어나는 사랑은 못 느껴도
불쌍하시다는 생각 많이 한답니다

그러면 안 되는데 부모 자식 간의 사랑도
마음대로 안 되는구나 싶어 죄송할 때가 많습니다

어머니 –
이렇게 쓰다 보니 이제 마음이 어느 정도 진정되었네요
아까는 이렇게 우는 것 집사람이라도 볼까봐
정말 혼났어요

어머니 –
살아계실 때 어머니한테 이런 편지 썼더라면
얼마나 좋았을까요
천국에 잘 계실 어머니
모두 용서해 주시고 이 편지 꼭 읽어 주세요.

– 2005년 5월 9일 큰아들 종구 올림

저문 산길에서

아름다운 것이 어찌 꽃들뿐이랴
슬픈 것들이 어찌 죽음뿐이랴

저문 산길 바위틈서리
불타는 황혼의 입새 하나
시린 영혼의 파아란 하늘 한 끝을 흔들거니
우리들 몸에 흐르던 짙푸른 피
아득한 땅 끝까지 적시게 하거니

아름다운 것이 어찌 꽃들뿐이랴
죽음이 어찌 슬픔뿐이랴

추함도 먼발치에선 아름다운 것
기쁨 또한 가까이 보면 슬픔이 되는 것을
우리 이 가을 비로소 깨닫게 되리

더 이상 채워 줄 그 무엇도 없는
그대 가슴의 풍만한 들녘에서
우리는 머물 곳 없는 바람으로 떠돌다가
텅 비어 아득히 절망으로 붉게 물든
그 하늘 바라보리

그때 저문 산길의 바위틈서리
불타던 황혼의 입새 하나 떨어져
어두운 물살에 떠 흐르다가
청명한 우리의 그 아침
한줄기 뜨겁고 투명한 빛으로 다가서리니

꽃들이 어찌 아름다움뿐이랴.
죽음이 어찌 슬픔뿐이랴.

(2003. 10)

홍보석 같은 슬픔

문득 터벅터벅 들길을 걷고 싶다
묵상에 드는 가로수 위로
지난여름의 기억들이 멈칫거리며 흘러가고
자꾸만 생각이 깊어지는 하늘

그대는 이제 쏟아지는 은빛 화살을
피하지 않아도 되리라
보랏빛 안개 속을 지나 저벅거리며 오는
발소리에 숨죽이고 있는 우리들
오랜 이별의 시간

조금은 지치고 피곤한 날의
밤늦은 귀갓길
방울벌레 한 마리 울고 있다

참 용케도 너는 나를 찾아와
달빛 부르며 울고 있구나

정말 우리는 언제쯤 금빛 껍질을 깨고
석류처럼 터질 수 있을까
홍보석 같은 슬픔 흩뿌리며 웃을 수 있을까.

(1996. 07)

떠도는 검정우산

건듯 불다가 사라지고
사라졌다가 다시 부는
종잡을 수 없는 바람 속에서
흔들리는 꽃들은 불안하다

거리에 난무하는 말들의 성찬과
마른 풀섶에서 벌이는 아이들의 불장난
두서없는 생각으로
시간을 뒤집는 봄날의 꿈은 아득하다

아픈 시간 속 미로를 헤매다가
눈감아도 떠오르는 매캐한 하늘
우리가 볼 수 있을까

민들레 꽃씨하나 폭죽처럼 터뜨려
허허롭게 날리고 싶은데
비 내리는 주말의 오후
마침표 찍지 못하는 검정우산 하나
거리를 떠돌고 있다.

(1996. 04)

그대 그리운 날

그대 그리운 날엔
비가 내린다

아무도 없는 그 카페의 창가
감미롭던 음악소리
홀로 흐느끼고
유리창에 흘러내린 그대 얼굴
뜨겁게 가슴 적신다

그대 그리운 날엔
낙엽이 진다.

아무도 없는 그 카페의 창가
가로수 빈 둥지에
어둠이 내리고
젖은 날개 움츠린 새 한 마리
슬픔처럼 詩를 쓴다.

(1995. 08)

거리에서

우수雨水에 내리는 빗속을 걸어가다가
언뜻 눈을 들어 바라본
북한산北漢山
능선 위엔 어느새 철수를 시작한 겨울이
짐을 꾸리고 있다

민들레꽃을 피워 올리듯
우산 하나씩 받쳐 든 거리의 사람들
무성한 봄의 풍문을 따라
어디론가 흘러가고…

그렇구나.
오늘 아침 인수봉 눈가에 반짝이던 그것은
겨우내 읽어내지 못했던
우리들 어둠 속 찬란한 슬픔이었구나.

(1990. 03)

겨울나무

가리지 않아도 부끄러울 것 없다
보낼 것들 다 보내고
떠날 사람 다 떠나갔으니

기척 없이 뿌려진 어둠의 시간 속에
별들이 구름 뒤에 숨어서 울면
나는 텅 빈 의자에 앉아서
붉게 붉게 주먹나팔이나 불란다

네 그늘에 앉아서 북 치고 장구 치던
징 치고 꽹과리 치던
젊은 날의 기억들 모두 거둬들이고
묵상에 잠겨 기도하고 꿈이나 꿀란다

차가운 달빛 아래
의지할 곳 없이 쓰러져 흔들리다가
손짓한들 누가 오기나 하겠느냐
지난 가을 부쳤던 뜨거운 열망의 편지들
답장 한 통, 반송 한 통 없으니
누가 콧물 훌쩍이며 읽기나 했겠느냐

텅 비어 차가운 하늘 아득히
너를 부르는 손짓도 허허로운데
풍성했던 날들은 흩어져 제 갈 길로 가고
쓸쓸한 가로등 아래
말라붙은 기억들만 그림자로 쓰러져 있다

부둥켜안고 꿈꾸던 따뜻한 세상
그대는 너무 멀리 떨어져 있구나
이 앙상한 나의 뼈마디를 감싸다오

풍성한 그늘도 모두 거둬들이고
그림자만 남아 그대 그리운 때
허둥대는 새들은 또 허구의 그늘 속에서
파닥이는 날개로 긴 펀지를 써야 하리
나무들이 생각에 붙박여 흐느끼면
하늘은 또 흰 눈을 내려야 하리

그러나 어떻게 알겠느냐
그들이 왜 아픈 동상凍傷의 발가락들을 잘라내고
충만한 기쁨으로 살아나 사랑을 잉태하는지
또 다시 먼 길 가는지.

(1992. 11)

봄 · I

남도의 보리밭엔 벌써
이쁜 애기햇살들이 나와서 놀고 있네
이쁜 애기바람들이 뛰어다니고 있네

고사리 손 꼼지락거리며 놀다가
어디만큼 가리키는 하늘 저기
소리개* 한 마리 떠있네

놀란 병아리들 어미닭 날개 밑으로 숨고
할머니 가시던 먼 저승의 황토길
조금씩 풀어져 내리네

심심한 산들은 하품을 하다가
양지쪽으로 돌아눕고
저희들끼리 푸른 솔낭구* 사이로
미쳐서 어지럼증 나게 진달래 피어 있네

구부정 잔등 너머로 바람난 바다
옥색 치마 속살 어른거리는데
실성한 누님은 빠알간 동백꽃 한 송이 받쳐 들고
하염없이 하늘 바라보네

이쁜 애기햇살들 품속으로 파고드는데
이쁜 애기바람들 귀밑머리 간질이는데
갈까부다 갈까부다*
울 엄니 속절없는 노랫가락 봄날을 넘네.

(1990. 03)

*소리개: '솔개' 의 방언
*솔낭구: '소나무' 의 방언
*갈까부다 갈까부다:판소리 춘향전의 한 대목

동해 아침 포구에서

날마다 기다리던 맑은 얼굴 하나
떠올랐습니다
그러나 너무도 눈부셔 바라보지 못합니다

그리움으로 밤새 뒤척이던
산들의 등줄기를 타고
짙은 안개 피어오릅니다

어지럽게 쏟아지던 별빛들
꿈길 타고 떠내려와
모래톱에 쌓입니다

이대로 나의 아침 이끌고
생애의 한 바다 건너가고 싶습니다

미소 지어 바라볼 수 없는 당신은
나의 슬픔입니다
끊어져 이을 수 없는 당신의 사랑은
나의 아픔입니다

혼수상태에 빠져서 또다시
먼 길을 갑니다

신기루도 보이지 않는 아득한
사막의 끝
날마다 기다리던 맑은 얼굴 하나
떠올랐습니다
그러나 너무도 커서 바라보지 못합니다

말씀 속에 살아난 풀꽃들 얼굴 위에
이슬방울 맺힙니다
제멋에 놀아나던 바람들
긴 망토 벗어놓고 내 곁에 누워
불타는 하늘 바라봅니다

아 – 이대로 숨 거두고
당신에게로 가고 싶습니다.

(1989. 10)

돌멩이의 詩

어쩌다 한번 씩 서울 나들이
찾아오는 친구마다
요즈음 어떻게 사느냐고

꿈꾸던 파아란 강물
어디에도 보이지 않고
기웃거리던 먼 기억의 하늘이
후드득 빗방울로 떨어진다

하루를 사는 일이
때로는 낯 뜨거운 일인 듯하여
혼잣말로 시름을 달래지만
내가 씹을 슬픔의 푸른 사과는
어디에도 없다

태초에 신이 만든 것은
눈부신 빛이 아니라
차라리 그것은 어둠이어야 했다
끝없는 그리움이어야 했다
눈물나는 사랑의 뜨거움으로
화석이 되어버린 한의 조개껍질 깨고

아- 여름은
돌아앉은 그대의 웃음소리가 그리워
먼 바다를 기웃거린다.

(1976. 07)

숲속에서

숲 속에 앉아 있으면 파도소리가 들려오네
멍들어 퍼런 가슴속으로
날아들던 빛살이 부서져
은빛 고기떼로 파닥이네

실어증을 앓던 산들의 골짜기
바람이 풀어 놓은 말言들이
무성한 가지 타고 올라가 손을 흔드네
온 하늘 푸른 물결 출렁이네

숲 속에 앉아 있으면 그대 숨소리 들려오네
피멍든 사지로 포복匍匐하던 능선 위
쓰러진 그대, 찔레꽃 향기
닫혀진 책갈피 속에서 그 시절이 걸어 나오네

군홧발에 짓이겨지던 푸른 꿈이여
앞이 깜깜해 울지도 못하던 숲이여
너는 어떻게 살아나서
떠나간 새들을 돌아오게 하고
순한 흰 곰들이 헤엄쳐 가는 하늘을
우리가 보게 하는가

추락한 시간의 골짜기에서
우리가 보듬었던 나무들 눈을 뜨면
숲속에는 설레는 파도소리 들려오고
싱싱한 물고기 몇 마리
순금의 그물에 걸려 파닥거리네

새로 터진 날빛이 하늘 문을 여네.

(1976. 07)

겨울바람 소리

바느질을 한다
터져버린 정신의 솔기를 그러쥐고
상처난 시간들을 깁고 있으면
바람이 분다

나의 안에서 분신焚身하던 바람의
까끌한 혓바닥
혓바닥이 핥는 어둠 속 하늘은
불만의 흰 칼날로
나의 옆구리를 찌르고
어루만지는 달빛에도 나는 괴로워했다

달리는 행렬의 끄트머리
자꾸만 주저앉던 나의 영기令旗여
깨어진 거울 속
밤마다 무너져 내리던 나의 전신全身은
또다시 일어선다

차단된 길목에서
적설량을 재고 돌아오던 손에
잘 닦인 모색摸索의 램프를 들고

어둡고 긴 항구에 나가 서성이면
함성으로 들려오던 파도소리여
바람소리여

가라앉은 밤의 무게를 저울질하며
내가 뿌린 씨앗들이 눈을 뜨는 때
그대는 어찌하여
단단히 죽어 있는 대지 위에
잠 속 앓아누운 산들의 골짜기에
빈사頻死하는 소들의 방울을 흔들어주고
나의 아픈 생각을 흔들어 주는가

불면의 가지 끝에서 새들이 날아오른다
내가 연습하고 있던 태아의 모음을 뿌리면서
눈보라 속을 허둥대는 때
겨울바람소리는 나에게
아릿한 동양東洋의 일몰을 실어오고
검은 지평선에 죽어간 시간을 잠재우지만
나는 외로운 짐승처럼 잠을 잊는다

불타는 바람소리는
속살 곳곳마다 살아서 스멀거리고
속살에서 태어나는 아픔을 키질하던 바람이여

그대는 아는가
아이들이 빈 병을 부는 골목
거짓말처럼 흰 눈이 쌓이면
가난한 숲 속에 별들이 내려 숨쉬는 것을

최후 얼어붙은 침묵의 늪에서 하늘을 보면
손자국 난 쟁반 위에 나의 목이 뜬다
살아있는 자와 죽어 있는 자의 가슴속
깊은 빗장을 두드리며
초경初脛의 피를 훔치는 바람의 손끝에서
불붙는 소리가
세상 밖의 꽃밭을 흔들고 있다.

(1975. 12)

山으로 가는 마음

山으로 가는 마음은 높아서 좋다
山으로 가는 마음은 젊어서 좋다

태 고운 나무를 껴안고 올라
말 없는 바위를 얼러도 보며

山으로 가는 마음은 맑아서 좋다
山으로 가는 마음은 깊어서 좋다

답답한 일상日常의 먼지를 털어
짙푸른 山 가슴에 묻고

山 같은 마음이 되어
山 같은 마음이 되어

태고의 솔바람 소리 들으면
나의 이쁜 그대 웃음소리

山으로 가는 마음은 높아서 좋다
山으로 가는 마음은 깊어서 좋다.

(1972. 06)

출항(出航)

검은 바다에 잠겨 있던 별들이
하늘로 날아오를 때
우리는 가위눌린 잠에서 깨어나
불씨 하나씩 가슴에 품고
적막한 항구에서 닻을 올린다

밝아오는 세상의 동구 밖
난파한 겨울은 개펄에 쓰러져 있고
질기게 살아남은 가지마다 펄럭이는
새봄의 깃발,
우리는 잠시 뱃전에 기대어
고달픈 삶의 멍에를 잊고
허허로운 자유 한 개비 피워 문다

영원이라는 것을 생각하며
우리가 찾는 바다는
미지의 폭풍을 불러 오고
거친 파도가 되어 앞길을 막아서겠지만
우리는 피 묻은 육성으로
익사해 간 그리운 이름들 부르며
간절한 시대의 복판에 닿으리라.

가슴속 깊이 밀려와 부서지는
시린 예감의 밀물을 헤치고
우리는 색신色身 짙은 애증의 깃발들을
하나하나 난간에 내어걸고
출렁이는 시간의 파고波高 깊이
매듭 굵은 그물을 던지리라

참으로 뜨거운 갈망의 손짓이여
돌아오지 않은 생애의 그리움을
부릴 곳 없는 우수의 짐을 가득 실은
비장한 우리의 출항이여
연착되어 온 새봄과 함께 우리는 떠난다
질기게 살아남은 자들에게
풍성한 해후邂逅를 약속하며
뿌우 - 뿌우 - 은은한 출발을 하늘로 올려 보낸다.

(1972. 01)

참으로 어수선한 밤

춥다
겨울이어서 더욱 춥다
날마다 웅웅거리며 우는 서울의 거리에
몇 번인가 눈발이 날렸다

함박눈으로 좀 더 얌전히
펑펑 내렸으면 좋으련만
그렇게 차갑게 옆 살로 내리꽂으며
생색을 낼 건 또 뭐람

무지막지하게 가지를 잘려 버린 가로수들이
심란한 눈으로 하늘을 바라보고 있다
봄은 아직 멀었나 봐

어수선하다
길들은 가다가 구부러져 끝이 보이지 않고
구부러진 길들끼리 서로 엉켜서
이윽고 없어져 버리는 어둠의 빈 터

이봐, 어딜 가는 거야? 길도 없는데
습관으로 살아가고 있는 철없는 사내 하나
빈터 가로질러 가고 있다
참으로 어수선한 밤.

(1971. 12)

눈 내리는 밤엔 너를 만나고 싶다

눈 내리는 밤엔 너를 만나고 싶다
가로등 밑으로 가서 군밤을 사 들고
군밤처럼 타버린 마음을 나누면서
뜨거운 너와 만나고 싶다

어찌해야 우리는
날카로운 이기체근의 가시를 털고
껍질 속의 껍질을 벗고
속 시원히 피라도 뱉으며
차디찬 길거리 이글거리는 숯불 위에
괴로운 군밤이라도 되어 만나는가

슬픈 이야기는 않기로 하자
숯이 되어가는 마음에 불씨마저 죽어
하이얀 눈발 스러지지 못하고
잔잔한 기억의 하늘 더욱 아득하리

눈 내리는 밤엔 너를 만나고 싶다
가로등 밑으로 가서 군밤을 사들고
군밤처럼 타버린 그리움 벗겨내면서
버짐 핀 내 사랑 부비고 싶다.

(1971. 12)

호박 같은 세상

그대의 말처럼
세상은 둥그런 호박 같기도 하고
호박처럼 살아가는 세상이긴 하지만
탱자나무 위에 매달려
찔리고 찢기는 호박 같은 세상일 때
그대여 들으라

번뜩이는 욕망의 톱니바퀴에 잘려나간
꿈들의 외마디 소리
그 부질없는 슬픔의 아득한 하늘로 떠오르는
우리들 절망의 소리 들으라

질긴 목숨의 덩쿨손 뻗어 감아오를
한 뼘의 사랑도 없이
완강한 블록담 아래 쓰러져 우는 영혼의
낭자한 피를 보아라

뜨거운 갈망의 손끝에 와 닿는 모래성과
먼 먼 가을의 하늘나라
그대의 말처럼
세상은 둥그런 호박 같기도 하고

호박처럼 살아가는 세상이긴 하지만
젖어드는 황혼 빛에 드리워서
우리 모두 어둠 속으로 스러질 때
그대여 들으라

가난한 자의 식탁 위에 놓여지는
몇 개의 근심과 비굴한 칼날
가슴 깊이 파고들어 술 취한 듯 붉어지는
호박 같은 세상
우리들 뜨거운 울음소리 들으라.

(1971. 10)

가을에 드리는 기도 · Ⅱ

당신의 뜨거운 입맞춤으로
내 사랑의 뜨락은
오직 한 그루
볼 붉은 능금 알로 저물게 하소서

마지막 장미를 꺾어들고 가는
우리들 사랑의 키가 커
황혼에 닿을 때에도
더욱 더 불타는 뜨거움이게 하소서

내 영혼의 악기 줄
바람에 불리어 흐느끼고
외로운 가지에 어둠이 밀려올 때면
당신의 은빛 화살로
나의 그리운 하늘을 쏘게 하소서

잘 익은 과일의 씨앗처럼
그리움이 저무는 가슴에
당신의 차가운 별이 빛나게 하시고
아 - 이제는 내게
무성한 슬픔이 낙엽으로 지게 하소서.

(1971. 09)

강아지풀

꼬리를 흔들고 있다
황량한 들길 위에
목쉰 황구黃狗는 쓰러져 있고
강아지풀만 살아서 있다

참으로 불충한 밤이 깊어
간사스런 눈빛으로
굽실거리는 것들의 이마 위에
쏘다니는 헛것들의 옆구리에
꼬리들만 돋아날 때

뼈다귀가 뼈다귀를 부르고
살과 살이 나뉘는 비정非情의 들길 위에
이제는 그대 속삭임 같은 물소리도
처량한 개울음도 들리지 않는다

매끄럽게 잘난 너희 오관五官의 꼬리가
시대의 중심을 어지럽게 흔들 때
소유 없는 주인의 손은
강아지풀 뜯으면서 떨고 있다
소리 없이 울고 있다.

(1971. 09)

꽃씨 받는 할머니

나직한 콧노래 부르며
꽃씨를 받고 있었지
가을이면 우리 할머니

향 맑은 하늘에
은실 지는 머리카락
바람에 날리며 꽃씨를 받고 있었지

아 아 꿈이었을까
인생은 살고 보면 아름다운 것

꽃 같은 새각시 적
부끄럽기만 하더라는데요
서방님은 꽃 꺾어 머리에 꽂아 주시고
아득히 꽃물 들던 할머니

지금은 산마루에 누워
구천九天의 별을 헤나니
꽃씨 받는 가을이면
우리 할머니.

(1971.09)

봄비 내리는 날

우산을 받고 걸으면
마음이 조금은 훈훈해 온다
옆자리에 누가 없어도
속 모르는 하늘이 보이지 않아서 좋다

우리 모두가 젖어 있는 마음일 때
갈라져나간 우산 끝의 물방울을 바라보면
매달리다 가는 세상의
아득한 끝이 보인다

봄비가 내리는 날은
위태롭게 흔들리던 세계의 유리창도
보얗게 젖어 아늑해지고
긴 겨울 보채던 아이도
노오란 민들레 꿈꾸며 잔다

봄비 내리는 날
우산을 받고 걸으면
우리들 가슴에서
남도를 돌아온 구름과
북해를 건너온 바람이 서로 만나서
진종일 꽃비가 내린다
새 잎이 돋는다.

(1971. 09)

검은 항구

구부러진 못 하나 펼치고 있네
늘 의도 밖으로 치닫는
배반의 뿌리 다스리지 못해
날마다 나는 숨결 고르지 못하네

갈라진 세상의 틈바구니
털털거리는 시대의 매연을 마시면서
우리의 노동은 하루에도 몇 번이나
검은 항구에 가 닿는가

표정도 없이, 안부도 없이
삐걱거리는 거리에서
우리는 옷깃을 스칠 뿐
한 모금의 뜨거운 숭늉도 나누지 못한 채
우울한 술잔 혼자 기울이고 있네

구부러진 못 하나 펼치고 있네
내가 길어진 꿈의 돛대 위에
깊은 고뇌를 못 박거든
그대여 피 묻은 옷자락 거기 걸어
깃발로 펄럭이게 하라.

(1971. 03)

사랑가

퍼내어도 퍼내어도 솟아나는 샘물이네
태워도 태워도 사위지 않는 잉걸불이네
눈으로 입으로 귀로는 다 못하여
온몸으로도 다 못하여
날마다 부끄러운 하늘을 기웃거리네

서로 마음 죄다 가지지 못하여
서로 마음 죄다 훔쳐내지 못하여
새파랗게 죽어가는 불빛 좀 보아
눈물 같은 빗방울 좀 보아

참 세상의 참말은 귀한 탓도 있지만
참사랑의 참말은
거짓말의 안쪽에서도 거짓말 못하고
타버린 가슴 안으로 감추고
아픈 세월 쓸어안으며 웃네

사람들아. 사람들아
우리 마음 야위어서 빈 무덤에 갇히어도
사랑은 날마다 불이 되고, 꽃이 되네
한생의 그리운 꽃잎 떨구며
눈부신 영원을 꿈꾸네.

(1971. 03)

제3부

포뢰의 종소리

풍설기(風雪記)

치켜 든 나무의 손끝에서 바람이 울고 있었네
잎 진 숲에서 새들도 떠나가고
부서져 내리는 검은 일몰에 섞여
하얀 허무의 꽃잎도 떨어지고 있었네

불타는 사내의 가슴팍에
몇 개의 꿈을 부로치처럼 달아주고
편서偏西로 몰아가는 긴 행렬의 발자국 소리가
하늘로부터 들려왔네

미더운 산도 보이지 않는 들길에서
공간을 자르는 시간의 칼날이 번득일 때
허기진 식탁 위에 해일이 되어 넘치는
바다가 보였네

삶과 죽음의 목발을 한 짝씩 짚고
의식의 안구를 문지르는 손이
차디찬 허공에 내어 걸리고
차단된 길목에서 적설량을 재고 돌아오는
사내의 머리 위에
새들의 울음이 하얗게 죽어 있었네.

(1971. 02)

물레방아 그리고 봄 편지

쿵더쿵 쿵더쿵 물레방아 돌고 있네요
얼음 녹은 먼 산의 물빛
내 기억 깊은 곳에 스며들어
시린 발 거두지 못한 채
쿵더쿵 물레방아
당신 생각에 시름없이 돌고 있네요

겨우내 그리다 구겨 던진 얼굴들
청소차에 실려서
자꾸만 교외郊外로 나가는 날
물레방아는 나의 생각들을 퍼 올리고
쏟아 놓기도 하면서
헛웃음 치는 세상을 향해 손짓하네요

연일 두고 내리는 우수憂愁의 잔비에 젖어서
펄럭이는 깃발 하나 게양 못한 채
숨어 울던 뜨거운 눈물
그리운 바다로 혼례길 떠날 때
당신 생각 구름처럼 피어나네요

어지러운 환각의 나른한 잠에 취해서
나비들은 비틀거리는데

물레방아 돌고 도는 세월의 바퀴에
우리들 빈사瀕死한 꿈은 피를 흘리고
한 방울의 뜨거운 사랑도 건져내지 못하는데…

당신은 왜 오늘도
유유히 흐르는 정갈한 강물에
어둠과 밝음의 뼈를 씻으시고
내 마음 떠도는 하늘로 쿵더쿵 쿵더쿵
흰 구름 펴 올리시나요.

(1971. 02)

어둠을 본다

어둠을 본다
어둠 속에서 활활 타오르는 너의
사랑을 본다

사랑도 재가 되어 내리는 밤의
쓸쓸한 바닷가
갯벌에 빠져드는
내 마음 어둠을 본다

내가 너에게로
갈매기가 되어 날아갔을 때
네가 나에게로
갈매기가 되어 날아왔을 때
어지러운 풀밭에 향기 넘치는
어둠의 날개를 본다

건너와 다오
우리가 건너지 못하는 살얼음 위로
가볍게 침몰하는 마음
슬픈 울음 끼룩끼룩
우리 마음 휘젓는 어둠일 적에

나는 본다
천의 빛깔로 어른거리는
아픈 사랑의 그림자를.

(1971. 02)

어부의 눈

어둠이 밤새 빨아놓은 하늘을
동녘에 펼쳐놓고
뒤척이던 섬들이 안개를 피워 올릴 때
너는 익숙한 솜씨로 팽팽히 돛을 올리고
안섶 깊숙이 간직했던
얼룩진 해도海圖 하나 펼쳐든다

온갖 허실의 조가비마다 넘쳐나던
난해한 꿈들의 해안을 빠져나오면
가슴의 뜨거운 불덩이가 수평선 위에
몇 개의 기억을 불사르고
가장 그리운 향방으로 비상하는 갈매기가
아픈 자유를 끼룩거릴 때
어지럽게 굴절하는 면경面鏡 속으로
비늘 돋힌 너의 얼굴이
오랜 볼모에서 풀려 돌아온다

꿈꾸던 별들이 스러진 자리
불씨처럼 남아 있는 너는
관망의 손 뿌리를 거두고
수직으로 일어서는 시대의 가슴속 깊이
매듭 굵은 그물을 내린다

그러나, 보라
그대가 긴 시간에 빗장을 지르며
표류하는 사계의 목선木船에 눈을 부빌 때
우수로 나부끼는 돛대 끝의 불면不眠을
음험하고 약삭바르게 도주하는
세기世紀의 구름이
몇 방울의 현기眩氣를 뿌리고 가는 길목
위태로운 분별의 난간에서 죽어가는
사생私生의 나비떼를

너는 지쳐서 돌아온다
눈부신 편광偏光의 대낮으로부터
상처 입은 날개를 업고
최후 휴식의 나뭇가지를 태우며 돌아온다

너의 눈은
목로木路에 뜨는 별빛 속으로
몰입하는 수레를 타고
말한 적 없는 굴욕의 속살로부터
질기고 긴 실꾸리를 감아올리며
세상에서 가장 아름다운 생애의 줄 하나
다시 고른다.

(1970. 12)

제야(除夜)

돌아가야 할 시간입니다
흰 눈 덮인 나목裸木 숲으로
얼어붙은 마음 붙안은 채
당신과 내가 돌아가야 할 시간입니다

허허 벌판 이승의 외딴집
말들은 구유에서
은혜의 마른풀을 씹고
참회의 슬픔이 차갑게 빛나는
어둠 속으로
당신과 내가 돌아가야 할 시간입니다

바람 찬 세모歲暮의 저녁 길
산들마저 쓰러져 눕고
차디찬 세상을 우리가 달릴 때
당신과 나의 가슴속
억만 기억의 눈발이 쌓이나니
천년 녹슨 근심이 종소리에 울고 있나니

지금은 돌아가야 할 시간입니다
은은한 밤의 정적 속으로
숨어드는 별빛같이…
잊혀지는 슬픔같이…

(1970. 12)

밤의 도시를 걸으며

낮이 벗어 놓고 간 신발 한 짝을 질질 끌며
나는 스물일곱시의 도시를 걷는다
가라앉는 밤의 무계를 저울질하며
근시4도의 어둠을 헤치면
빼앗긴 자와 빼앗은 자의 꿈이
용케도 어울려 노는 골목

벽 하나로 천리가 되는
내 이웃들의 적의는 빛나고
수태受胎를 거부한 신부가 잠들은 방안
빈곤의 창 너머로 오르는
허위의 돌담을 본다

돌아오는가
겉으로만 무성한 내 나무의 쓸쓸한 영광
혼잣말로 살아갈 수 없는
내 실체의 가지를 흔들고 가는 바람이여
말하게 하라
온갖 죽음의 껍질 속에서
밤이 어떻게 꽃피는가를.

(1970. 09)

바다의 연가

바다는 울더라
외로운 섬에서 하루를 서성이다가
황혼이 내려 어둘 녘이면
숨죽이고 울더라

이승과 저승의 맞잡은 손끝이
밤의 하얀 이빨을 들어 보일 때
포구에서 늙어가는
해와 달의 잔주름도 보이고

밀물지는 사변思辯의 갈대숲
꿈의 남루襤褸에서 떨어지는
차디찬 이슬방울로
물새도 잠 못 이루더라

나의 바다는 어느 세월에
멍든 가슴 피라도 돌까

열망의 산기슭을 기어오르다
해안에서 죽어간 내 님의 촉루髑髏
어둘 녘이면 울더라

속마음 깊은 곳 촛불 켜들고
밤마다 오르던
아득한 절망의 갯바위에 서면
살아서도 죽은 자의 얼굴이 보이고
선혈진 발자국마다
내님은 흰 눈 되어 내리더라.

(1970. 09)

창가에서

손에 끈적끈적 묻어나는 어둠을
한 삽 한 삽 파 올리고
우리는 피곤하여 쓰러져 있었다

물구나무 선 대낮의 그림자가
눈 설은 모습으로 반쯤 얼굴을 가리고
그 눈썹 아래서
역부驛夫의 신호기에 매어달린 시간이
요령瑤玲처럼 울고 있었다

시장바닥이었을까?

범람하는 홍정 속에
추락해가는 당신과 나의 일상이 아직
얌전한 주부의 바구니에 얹혀 있을 때에도
공허하게 퍼지는
의식의 날개소리는 들리고

그것은 삐라처럼
내리는 만나처럼

오염된 대지에 쌓여
우리들 불면의 별빛을 눈뜨게 하였다

그때부터 당신과 나는
날마다 유년의 새총을 들고
하찮은 솜씨로 겨냥된 하늘에
상실된 언어를 한 개씩 쏘아 올렸다.

(1970. 09)

은화(銀貨)의 詩

스라의 화실에 가을이 내릴 무렵
나는 시공무변의 마침표

금빛으로 반짝이는 후조候鳥의
나래짓으로 하여
처음 일몰을 알았을 때
칠흙빛 어둠속엔 황망히 사라지는 나와
쫓기고 쫓는 나의 술래가 놀고 있었다

손바닥에 쥐어질 하나의 기적을 위하여
술래는 돈다

하지만 동그랗게 구멍난 하늘로부터
한난계로 잴 수 없는
이상한 온도의 빛이 쏟아져 내릴 때
두 눈 감아도 막아버릴 수 없는
그 구멍으로 하여
그림자와 마주선 술래의 불가해

꼭 한번 빛이고 싶었던
술래의 손바닥엔
영원을 갈아 놓은 마침표 하나
나의 얼굴을 채색하고 있었다.

(1969. 12)

달

어둡고 슬픈 것이
아프고 쓰린 것이
공허한 가슴을 휘젔고 있을 때
내 허망한 사랑의 묘혈墓穴에
외로움 적시던 그대여

오늘도 야외 카페에서
술을 마시다가
낯선 여인의 살빛을 더듬다가
문득 떠오른 그대 얼굴
창백하구나

아 - 어째버렸는가
이태백이여, 암스트롱이여

1969년 7월 21일 11시 56분 20초
외상장부에 감금당한
나의 슬픈 달이여.

(1969.07)

*1969년 7월 21일 11시 56분 20초: 미국 우주인
'닐 암스트롱' 이 인류최초로 달에 착륙한 시간.

추일사제(秋日四題)

Ⅰ. 월광도(月光圖)

앙상한 가지 위에 걸려 있는 저 달 좀 봐
호숫가 성근 갈대 그림자로 난蘭을 치고
산허리 휘감은 안개 꿈결인 듯 흐르네.

Ⅱ. 안행(雁行)

먼 길 오다 짝 잃었나 홀로 나는 저 기러기
낮달 아래 꿈을 꾸다 가위눌린 날 닮았네
피 쏟는 저녁놀 속에 제 갈 길도 모르고.

Ⅲ. 석양(夕陽)

한 생애 부질없이 그림자만 길었으니
어쩔 수가 있으랴 서편에 갈앉는 해를
내 영혼 심지 돋우며 또 한 밤을 지새리.

Ⅳ. 코스모스

그대 기다리다 목이 길어지고 말았네
하늘에다 소리치며 그대 이름 불렀네
바람도 내 맘 아는지 야윈 어깨 감싸네.

(1968. 10)

포플러

그것은 아메리카의 웃음
뉴올리언스의 부두에서
수유리 4 · 19묘지에서 손뼉치고 있는
자유, 그 갈망의 손바닥

어둠침침한 지하실에서
알제리의 뜨거운 모랫벌에서
베트남의 습기찬 정글 속에서
수액樹液을 다 빨려도
네 푸르름은 언제나 당당하구나

눈에 보이는 모두를 외면해버리고 싶은
어제와 불안한 오늘
그 쓸쓸한 언덕에서
사랑과 죽음을 장난처럼 흔들며
깔깔 웃는 포플러 나무여

너는 뜨거운 태양 아래서
소리도 없이
천년쯤 푸른 역정歷程의 왜곡된 의미를
천둥처럼 크게 속으로 울고 있구나.

(1968. 07)

내일을 위한 낙수(落穗)

한산閑散으로 접혀진 좁은 골목이다
가을은 석양
인적 없는 거리에 어둠이 내리고

늙은 넝마주이는 읽지 않는다
구겨진 나의 낙서를
그것은 참으로 다행이다

이젠 생리처럼 되어버린 사랑과 죽음
그리고 달콤한 육체의 이야기를
읽어서 무슨 소용이 있겠는가
읽은들 무슨 상관이 있겠는가

역전驛前의 게시판엔
오늘의 물가시세
약간명若干名의 사원모집

늙은 넝마주이는 읽지 않는다
나의 구겨진 낙서를
읽은들 상관이야 없지만
참으로 그것은 슬픈 일이다

가을은 석양, 우리들의 슬픈 이야기를.

(1966. 09)

가을에

어쩐지 자꾸만 눈이 부시었다.
은빛 쏟아지는 햇빛은
꽃의 주변을 서성이다가
소리 없이 바람으로 흩어지고
그 허리에
여름은 매달려 흐느낀다

참으로, 돌아갈 곳이 없어
전신全身에 파고드는 그림자 하나
생명의 어디쯤에서 그것은
찬찬燦燦히 깊어가는 우수의 샘물을 길어 올리고
나비의 날개인 듯
꽃잎 하나 그 위에 떠돈다

무엇 하나 생각할 수 없는
가을
어쩐지 자꾸만 눈이 감기었다.

(1966. 09)

길

가도 가도 끝이 없을 이 길은
가도 가도 낯선 길

참으로 내가 이 길을
몸부림으로 다할 수 있다면
펑퍼짐한 사하라 사구砂丘 쯤에서
황량한 풍경 위를 흘러가는
바람소리로
눈이나 좀 지그시 감을 것인가

여기 해와 달도 떠오르지 않고
한난계寒暖計로 잴 수 없는 어둠을 다스려
바람이 잠들면
생명을 수심水深으로 가늠하는
그립고 낯선 타향

한 마리 물고기인 듯
바다는 그릴 수 없어도
썩어 문드러질 손바닥
내릴 곳 없는 차표를 쥐고 있음이여.

(1966.07)

종(鐘)

그 마음 천년 쯤 푸른 이끼로 돋아나고
기억의 연鳶줄은 은하 저편에 끊기었어도
어둠에 서리어오는 모진 숨을 쉬는가

때때로 어리우는 연연戀戀한 그리움에
얼음장 같은 비애를 구름인 듯 띄워 놓고
멍들은 목숨 안으로 파고드는 여운이여

소리는 어울려서 노래로 흩어지고
뼈를 깎는 외로움이 밀물지는 하늘가에
영혼은 빛을 뿌린 듯 별덤으로 웃느냐

아아! 나의 가슴에 활활 타는 모닥불
어느 세월을 살라서 이름도 빛깔도 없는
빛 고운 나의 소리는 꽃잎인 듯 태어나라

(1965. 10)

눈보라에 밀려 떠온 달덩이

눈보라에 밀려 떠온 달덩이
맑은 시냇물에 얼굴 씻고 있어요

그리움에 허허로운 별
뼈마디 속에 나이테 없이 커가고
외로운 강바닥에
기러기 내려앉고 있어요

눈을 좀 사르르 감고
둥그런 달덩이, 달덩일 보세요

이렇게 엄숙한 계절이 오면
놀란 토끼마냥 불안했던 것을…
알고 있어요
당신이 저를 얼마나 사랑했는지도

하지만 그 달덩이가
제 가슴에 잠들고 있으리라고는
생각지 못했어요

눈보라에 밀려서 떠온 달덩이.

(1965. 11)

제4부

떠돌이의 꿈

(고교시절 작품)

말일(末日)

휘청거리는 걸음으로 층계와 층계를 잇는다
바지가랑이에 너슬거리는
가난한 생활의 메뉴들
진력盡力한 발걸음이 달팽이처럼 느리구나

감정이 무딘 촉각을 더듬어
돌아가는 포도鋪道는
하늘과 땅이 맞닿지 않아 현기증을 느낀다

별은 고울 줄밖에 몰라도
구멍난 호주머니엔 회색 이야기가
별처럼 많고
장부 끝에 두고 온 사연처럼
못잊어 씹히는 귀로에 시간은 또 한번
빠알간 색연필로 종점을 잇는다.

(1964. 03 高3)

부유환상곡(浮游幻想曲)

Ⅰ
숱한 대화들이 죽어간
나의 해안에서 유성들을 부르고 있었다

무덤을 가꾸는 원정園丁이 잠들은 묘석墓石에도
이끼는 돋아나고
기적처럼 봄이 내리는 속을
응얼진 눈물빛으로 나비가 날은다

정녕 우리에겐
얼마나 많은 슬픔이 있어야 하는가
꽃들의 수액水液이 상승하는 밤은
꽃밭보다 고운 하늘이 열리고
어느 무덤에서 풀피리를 불며
(영혼은 잠들어 갈 것이다)

농도 짙은 연대의 어둠이
강물로 흐르는 언덕에서
표정 없는 입상立像은 커가도
아 아 종내는 잊어버릴 수 없는 가슴 가슴을
화원 언저리에 심어 두고
우리는 먼 후일에 웃어야, 웃어야

(수목은 강물을 마시고 꽃은 다시 피어날 것이다.)

내부로부터 이슬져 내리는
그리움으로 하여 그리움의 나무는 자라고
세월을 모르는 황금빛 이야기가
나의 침상에 가득 찰 때
은빛으로 물살지어 오는 영원에의 촉감이여

어느날 잔잔한 물목에서
소금쟁이의 생리를 닮은 우리는
숱한 마지막이 있어야 했다
(사람들은 이별이란 만남보다 아름답다고 느낀다)

하지만 그것은
눈물만으로 슬퍼할 수 없는 것
능금처럼 깎여버린 심장은
눈물로 고인 사해死海에서 자맥질 친다

때로는
수면에 일렁여 오는 여인의 고운 미소에
가슴 설레어 말 못하고
내 얼굴은 전등처럼 깜박거린다

Ⅱ

그럼, 이 시간
너와 나를 가꾸던 원정園丁이 잠들은
무덤가로 가 볼거나
거기 가을날 화사한 햇빛이 머무르고
장미의 화환에 떠받친 웃음을 볼 것이다

꽃숭어리마다 주렁주렁 열린 언어들이
시인을 부르고
노랗게 떨어지는 은행잎이
명쾌한 가을을 이야기하는 수도 있다
(그러나 이것을 느끼는 사람은 많지 않다)

국군묘지의 잡초는 좀 더 푸르게 자라고
박꽃처럼 성그런 미소와
입술 사이로 반짝이던 이빨은
어느 처마 끝에 매달려
쓸쓸한 웃음을 웃고 있을 것이다

Ⅲ

가령, 소박하게 나이 들어
머리칼 하나하나가 소롯하게 풀려나는
기억이 있다면
참으로 눈물이란 웃을 수 없을 때에
샘물처럼 고여 왔다가
칠흑 빛 어둠속에 폭포로 쏟아지는
웃음을 얻을 것이다
(그날 듀발이 이곳에 왔었다지요?
고오띠에는 웃지 않았답니다.
하지만 우리는 웃으며 만날 수가 있었습니다.
실상 마음은
죽음보다 짙은 시포屍布에 싸여 있었지만…)

Ⅳ

나의 깨어진 접시는 이녕泥濘 속에 묻혀
이따금 슬픈 울음을 울고
달을 물고 흥그러워진 구름은
주정酒酊에 취해 있다
(젊음이 편지봉투에 실려 가는 부동항과
비행장 부근에서
소녀는 이국 하늘을 바라보고 있다가
태양과 함께 숨을 거두어 갈 것이다)

V

어느 날이었던가 나의 의식은
세종로 네거리에서 무참히 짓밟힌 채
광화문을 상여처럼 바라본 적이 있다
분명, 나와 같은
몇 천 쌍의 눈동자. 나와 같은 눈동자

머루알처럼 빛나는 동공 위에
시간은 수은성水銀性 공간을 만들고
물론, 우리는
무엇을 알았다고 믿는다
(도시는 순수한 원시의 산협山峽이다.)

생각한다는 것은
참으로 다행스런 일
숙녀의 호주머니 속이건, 담배갑 속이건,
알몸뚱이건, 마구 헤집고 다니다가
시간을 살해하고 잠들어 가는 것
(제국의 폐허처럼 황무한 사막에도 꽃은 피어나고
세기의 하늘로부터 생명은 호흡하며
성당의 종소리에 귀를 기울일 것이다.)

허나 우리는 무엇인가?
시베리아 대륙풍에 밀려가는
남양南洋의 후조처럼 불안한 토요일
희망은 순수한 가공架空에서 시작된다

무덤을 가꾸던 원정園丁은 죽어갔어도
무덤은 무덤으로 남고
시인의 투명한 눈길이 정원을 바라볼 때
(해안의 꽃잎은 사랑스럽게 밀리고 있었다)

그럼 너와 나는
내일을 모르고 흘러가는 계절의 모퉁이에서
꺼질 줄 모르는 비누방울이 된다

이끼 낀 묘석 위에 살포시 피어오르는
연기 같은 사랑만으로
세월은 방향을 상실해도 좋고
집 없는 구름만이 나의 해안에 닿을 것이다
노래만이 들릴 것이다.

(1964. 12 裡里高等學校 校誌『彌嶺』제6호)

떠도는 구름의 그림자

바라보고 있었지
피어나는 꽃순을 보며
내 가슴에 어리우는 그림자

낙서로 구겨진 상장賞狀엔
지우개만한 기억밖에 없고
야윈 가지의 빈 둥지에 걸린
뜬 구름 한 조각

빨랫비누로 화장한
여인의 미소 위에
거품처럼 번지는 공허한 시간
아 – 그 아픔을 씹으면
비둘기가 날고 있었지

검은 연대年代의 도시에서
온실에 갇힌 꽃들의 비애와
그리운 하늘과 바람과
적막한 시공時空을 흐르는 구름에 취해서
쓸쓸하게 웃는
우리는 어리디 어린 꽃순이었지

의식하지 못하는 생명의 목덜미를 붙잡고
표정 없이 걸어오고 걸어가는
계절의 발굽을 보며
우리는 조금씩 조금씩 죽어가고 있었지

깨어진 거울 속에
흩어진 얼굴을 쓸어 모아
화폭畵幅에 담으면 우리의 눈은 언제나
갈망하는 빛 때문에 서러워 보였지

햇빛에 눈부시어 당황하는
유약한 사상思想과
현기증 나는 어둠의 도시에서
참으로 우리는
뜨거운 미련에 속잎도 못 피우고 문드러진
꽃 순이었지.
떠도는 구름의 그림자였지.

(1963. 12 高2)

가난한 마음아

아침저녁으로 쏟아놓는
하늘의 객혈喀血은
태양을 그리다 팽개친 팔레트 같구나

냉가슴을 앓는 산들의 주름살과
타다 남은 잿더미 위에 피는 꽃과
황량한 대지는 우리의 작업장이고
아침마다 걸리는 서쪽의 무지개는
내일은 비가 온다는 것이리라

미완성 실제失題를 염불처럼 외우면서
눈물보다 뜨거운 것이
임종보다 무거운데
나는 잃어버린 이름을 찾아
어디로 가야 하는가

비문碑文도 없는 무덤 앞에서
피곤해 누운 영토는
태양의 조명에 젖은
안개빛 자아를 잃은 얼굴들이냐

오가지 못하는 다리 위의 바람이
비린내 가시지 않은 숨결로 흐르고
이불이 무거워 오줌을 저린 강바닥
우리의 지도는 단순하나
알 수 없는 기류가 흐르고 있음은 무엇일까

언젠가 고목의 가지 끝에
속잎이 피듯
하늘 끝으로 드리운 이파리로 손짓하여
학이 고운 나래를 접으면
가난한 마음아
언덕 너머 해동解凍하는 봄을 맞으라.

(1963. 12 高2)

너에게

지금도 푸르러지지 못하는 나의 가슴에
꿈만이 흐르고
어느덧 가을하늘 깊어
석상石像처럼 서서 강물을 바라보면
그 물결 위에 너는 아직도
태양처럼 눈부시게 떠오른다

너는
슬픔을 모르는 순수한 어원御苑에서
비둘기처럼 날려 보냈어야 할
이루지 못할 꿈이었는지도 모른다
그리하여 지상에선
먼지 낀 하루가 우리의 시간을 앗아가고
나는 소리 없이 피울음을 울었다

세월이 가면
네 모습 바라보던 눈동자도 멍들어
태양도 망각 속에 잠들리라

끝도 없이 커져버린 그리움으로
나는 저 강물 따라
카오스의 해안으로 떠나고
너는 내 기억 깊숙한 곳에서
또 다시 손 흔들며 울리라

단풍 들어 서럽게 아름다운 가을
산정에 서면
불타는 노을 위에 너의 얼굴 떠오르는데
지금도 물들지 못하고 피를 쏟는 나의 가슴
옛 생각만 깊고 깊어
너의 무덤가에 석상石像되어 서 있다.

(1963. 10 高2)

月浪*抄

I

가난한 나라에 태어나서
가난하게 살다 죽을 詩人아
울음에 겨워 피어린 산하山河에
바람이 불고 있었지야

내리는 빗발에 온몸을 적시며
사태沙汰난 산길을 올라서면
먼빛 바다는 언제나 푸르르고
표류하는 선박 위에
가물거리는 손수건 하나 있었다

못다 이룬 꿈을 이야기하는
나의 꽃들아, 나무들아
지난 여름은 모두 즐거웠지야

지금은
비인 방 차가운 창가에
위로도 없이 살아가는 날들
달빛은 수의壽衣를 입고
나의 빰을 핥는다

진정 –
서러울 수 없는 상여가락에
삼단 같은 머리를 늘이고 서서
종일토록 눈물을 뿌리며 울었지야

젖은 가랑잎 하나
나의 방안을 찾아와
연인마냥 가슴에 안겨들고 있구나

그러나 이 슬픔을
상처뿐인 나의 영혼을 누가 안아줄 것이냐

Ⅱ
이제는 무너져버린
석상의 언저리
국화도 없는 정원에서 나는 울고 있다

정원의 마른 가지에 매달리는 바람이
체온도 없이 몸부림치면
잔잔히 눈뜨는 그리움의 호반湖畔은 설레고
떠러는 기다림에 눈이 멀어가고 있는 것을…

접어 놓은 시간 속에서 날아온
굴뚝새 한 마리
얼룩진 날갯짓에 파닥이는 아픔처럼
나는 몸부림친다. 쓰러지지 못하여 일어선다
입가에 맴도는 말들을 차마 못하여
그대 버선 끝에 머무르는 눈길 고움을
나는 잊지 못하여. 잊지 못하여

Ⅲ
아 창을 열어라. 창을 열어라
비껴간 사랑의 비껴간 소리
돌아오지 못하는 시간의 미아迷兒가 울고 가는 골목
그곳으로 창을 열어라

달빛도 없는 밤에
눈부시게 빛나는 어둠을 마시며
태어나는 아이
피리소리 같은 울음을 울며 살다가
천둥처럼 죽어가는 날
창문을 열게 하라

방안에 가득 찬 패가敗歌를
뒷 춤으로 돌리고 웃음 짓는

나의 표정은 서럽지만
한 번은 외치리라. 수탉처럼 울리라
남모르게 가는 밤의 돛배와
눈부신 아침바다에

민들레꽃처럼 떠나버린 사랑과
옥수수마냥 늙어가는 세월이
피 묻은 낙엽으로 지면
자명시自銘詩 하나 읊으며
하늘 끝으로 내닫는 사념의 날개가 꺾여
눈물만이 아롱지는, 아 – 가난한 詩人.

(1963. 10 高2)

*월랑(月浪): 고교시절의 자호(自號)

석교(石橋)

찬란한 광채를 안고 운석隕石이 떨어진다
칠흑빛 대지에 비수보다도 날카로운 금속성金屬聲

봄은 열려오는 것을
시간은 넘실거리며 계곡에 소용돌이친다
광란하는 헤드라이트, 무너진 하늘
상이군인의 걸음걸이가 성행하는 포도鋪道 위
서치라이트가 윤무輪舞한다

우리는 아직도 빠알간 네온의 거리에서
영혼의 광장에 아우성치는 순결과 진리, 사랑과 눈물을
응시하면
낙엽의 세월은 지구를 덩그렇게 매달아 놓고
진눈깨비의 장송곡은 소리없는 울음의 행렬이다

찰나가 연속되는 지점
세대의 현기증에 출구를 잃는 산들
메마른 나신裸身과 얼굴을 가린 보랏빛 구름
납빛으로 일그러진 태양이 히득거리며 온다

사상은 고갈한 강둑에서 기지개를 켜고
펄럭이는 깃발, 상처투성이의 얼굴을 보았다

능선너머
아가미의 입김에 절여진 생각하는 별떼…
우리의 석교石橋는 영구하지 못하리라

황금빛으로 깨쳐가는 계절의 광야에서
독백을 씹어보는 후조候鳥들의 날갯짓 속에서
우리의 숨결은 타오르고
가슴에 식물성 생리가 꽃을 피운다

문명의 가두街頭에 서성이면
금속성 두개골 부서지는 소리 소리
산수山水에 쏟아지는 빛발의 가슴들

에헤야 둥둥 두둥실 헤야
흰옷 입은 여인이 가로수 밑을 지나간다

수면에 일렁이는 그림자 속 빛나는 하늘
어둠이 공간을 포옹한 채 꽃잎을 잉태한다
회색빛 암석에 부딪치는 안개 속에서
인생은 찬가를 부르고 절벽 너머 광장廣場에
이교도의 노랫소리가 비산飛散한다

빙빙 도는 차륜車輪의 중심에서
우리의 의식은 죽어가고
호박넝쿨 담 모퉁이에서도 우리의 임종은 기다리느니
모세혈관 속 암석지대, 골짜기에 강물은 흐르고
천길 벼랑에 걸쳐진 대리석 난간에
운석隕石이 떨어진다.

(1963. 10 高2)

어느 늦봄의 詩抄

심오한 뇌리腦裏의 한 끝이
점화되는 찰나에서
하늘 끝으로 달려가는
영혼의 베갯머리
세월의 낙엽은 쌓이고…

창생蒼生 이전의 비밀이
터져가는 모롱이
향기로운 계절을 데리고
여정旅情을 풀어 쉬는 낙조落照

긴긴 어둠의 기지개를 켜고
돌아오는 밤의 수부水夫여
우리는 비로소 떠나리라
종잇장 같은 심혼心魂의 배를 띄우고
이렇게 저문 봄날에.

(1963.05 高2)

개나리 頌

종내는 시들어 사라져도
슬픈 사연일 수 없는 당신을
목 늘여 기다리고 있느니
외로운 창가에
봄의 향기도 흩날리지 않고 있느니

내게 아직 돌아오지 않은
봄의 사연을 감추고 앉아
먼- 옛날이나 생각하자

먼 후일 그때
마디마디 할퀴어진 가슴으로
사무친 시름을 실어 보내고

평화를 잃어버린 사연에
멍들은 목숨을
내 푸른 피안彼岸에 조금 더
조금 더 가까이 하고 싶은 마음으로
먼 후일이나 생각하자

분홍빛 리본을 달던
소녀는
마포麻布의 리본을 달고

내 파란 나비는
뒤안길을 헤매고 있느니
하이얀 들꽃에 보낼
나비들도 없느니
귀여운 후조候鳥를 맞아
노래나 들으며
기폭旗幅을 흔들고

슬픔일 수 없는
머-언 훗날이나 생각하자.

(1963. 04 高2)

소나기

언제가 한번은 문을 두드려야 할 슬픔이
무질서하게 하강하고 있었다

허기져 쓰러진 아이의 얼굴에 쉬파리가 날고
언제부턴가 바다가 하늘을 닮았을 때
두 마리의 인어는 비둘기가 되어 구름을 탔다

이 황폐한 언덕에
젊음을 증언할 수 없는 청년은
몇 번을 점쳐보아도 귀납되는 결심에
혈서라도 쓰고 싶었다
상장喪章같은 슬픔을 지켜보면서
꽃들은 오만한 미소로
설편雪片에서 통계학을 배우고 있었다

가슴의 장미가 뜯겨지던 날
떠나간 여인은 돌아오지 않고
사랑은 비참한 연대의 호곡號哭이 흐른다

탁한 기류에 휩쓸려가며
흙이 된 무한대의 목숨을 모을 수 없어

처절한 객혈喀血로
어둠이 쌓여오는 비애나 변호하는데
강산은 새도 울지 않고 녹색으로만 짙으다

사람들은 땅덩이를 헤치고
포주집 식도食刀의 위협을 받고
안전지대의 통로를 찾는다

길가의 소년이 죽어가고 소나기가 억수로 내려
멋없는 아라비아의 행렬 같은 것

개미가 죽고 인생이 죽고
고목의 잎이 질 때
한번은 불꽃처럼 타고 말 가슴을 붙안고
일차방정식에 땀을 빼는 중학교 교사처럼
인생은 무의미한 위선자

지구는 수술해야 한다
밀감처럼 껍질을 벗긴 지표地表에
황금빛 찬란한 봄이 오듯이 청춘은
피안을 연주할 수 없이
축일의 옷자락이나 날리자

최초의 이정표가 내리우고
감금된 시간을 해방하여
저문 날의 주막에 비가 오듯이
제 멋대로나 놀아보자.

(1963. 02 高2)

상실의 의미

당신이 나의 웃음을 모르듯
나는 당신 죽음의 의미를 알 수 없습니다

수액樹液이 끊기어 떨어지는 낙엽처럼
우리들 목숨 안 강물이 마를 것입니다

시간은 그런대로 흐르고…

까마귀는 우리의 살점을 쪼아 뜯고
무덤의 장미가 무참히 꺾어질 것입니다

허공에서 떨어지는 새의 죽음을 모르듯
알 수 없는 의미로 내일을 치장하다
전설이 끊겨지고

상실된 의미의 얼굴 위로
억億의 무덤이 날리고 있을 것입니다.

(1963. 05 高2)

가을 곁에서

자네는 뿌리게나
오환짜리 인생들에게
주소 없는 엽서를

누구도 읽지 못하지

자네는 뿌리게나
아슴한 기억의 나비 같은
주검의 날개를

누구도 울지 못하지

자네는 뿌리게나
부의 환상에 사로잡힌 자들에게
지폐 같은 낙엽을

돈을 세다가 죽지도 못하지

하지만 있을지 몰라
자네가 뿌리는 낙엽을
지폐보다 사랑하는 이
이 세상에 있을지 몰라.

(1962.12 高1)

내 마음

내 마음은 가을날
골짜기에 뒹구는 낙엽이라 합시다

눈물에 씻겨 천길 벼랑에 떨어지는
바윗돌이라 합시다

내 마음은
짙푸른 숲속에서 울어 새는
두견의 피울음이라 합시다

피울음에 떨며 피는
외로운 들국화라 합시다

내 마음은 외딴 기러기
보이지 않는 수평선 적막한 섬이라 합시다

모든 것이 외로움과 기다림이라면
내 마음은 영원히 녹을 줄 모르는
새까만 무쇠덩이라 합시다.

(1962. 04 高1)

제5부

뒤안 툇마루

(친구들의 이야기)

고교시절을 추억하며

이 중 희

원광대학교 명예교수

'청춘의 5년은 인생의 20년과 맞먹는다.' 〈라이안의 처녀〉라는 인상 깊은 영화에 나오는 대사의 한 대목이다.

고교시절의 추억은 3년이란 짧은 시간임에도 우리 인생에서 차지하는 비중이 크다.

죽순은 4~5일 만에 10여 미터로 키가 자라고 가지를 뻗어 본 모습을 갖추며, 그 후 단단해지는 과정을 거치게 되는데, 죽순의 5일은 대나무의 평생을 결정한다고 할 수 있다. 대나무가 이처럼 연하고 부드러운 죽순 시기에 빠르게 성장하듯, 감수성이 예민하고 풍부한 고교시절도 그런 것 같다. 우리의 지금 모습을 돌이켜보면 정말 그때 친구들 상호간에 끼친 영향은 지대한 것이었고 인생의 행로를 좌우하는 중요한 시기였다고 생각된다.

60년대 초 나라 전체가 찌들려 가난했던 시절, 음악과 미술을 좋아하고, 시 쓰기를 좋아했던 우리는 변변한 뒷받침도 없었으나 나름 성공적 예술가로 세상을 살게 되었다. 나와 이대남은 미술대 교수로, 이건실은 피아니스트로 음악과 교수로 정년퇴임을 하였지만 이종구는 문학도로서 전공을 살려 직업을 갖지 못하였다. 고교시절 그가 써내는 시는 가히 탁월해서 기성시인을 앞지르는 천재성을 드러냈고, 감수성 많은 우리에게 시를 일깨워준 소중한 친구이기도 했다. 졸업 후 대학에 진학하고 각자의 전공을 따라 사회에 진출함으로써 서로 만나지 못하는 현실 속에서도 우리는 그리움과 기대를 놓아본 적이 없다.

세상이 맘대로 되지만은 않듯 이종구, 그가 걸어온 길은 순탄치 않아서 그가 꿈꾸었던 시인의 삶이 아니라 생활을 위한 직장인으로서 많은 세월을 기업체에 몸담아 살았다. 따라서 그는 70대에 들어서기까지 시인으로서의 등단을 미루게 되었고 세상은 그가 재능 있는 시인이라는 것을 미처 모르고 있었다. 하지만 비록 그가 움츠러들었던 지난 세월 세상에 알려진 시인은 되지 못했으나 인생의 수많은 고비를 넘나들며 체험하고 깨우친 그 바탕이 어디 가겠는가.

몇 해 전 나의 전시장을 찾아온 그에게 우리는 등단을 권유했고 드디어 그가 등단하여 토해내는 시의 줄기는 가뭐 소나기 같은 감동이었다. 누에가 실을 뽑아내듯 끊임없이 토해내는 시어는 고교시절 감수성에 진한 감명을 심어주었던 그 감동과 전율이 되살아나는 것 같았다.

이제 그가 회심의 첫 번째 시집을 내게 되었다.

희수를 지나서 팔순을 바라보는 나이에 첫 번째 시집이라니 늦깎이라 해도 너무 늦은 감이 없지 않다. 하지만 친구의 시들을 읽으면서 느낀 것은 요즘 시인 행세를 하는 글쟁이들에게서 느꼈던 허망함과는 달리 깊은 안도와 기대감과 풍만함 같은 것이었다.

그는 시집 제목을 '아름다운 것이 어찌 꽃들뿐이랴' 라고 지었다. 이 시집 속에는 고교시절부터 지금까지 그가 감내해온 삶의 육화된 모습들이 몇 무더기 아름다운 시편들로 응축

되어 있고, 자서를 통해 '좀 더 치열하게 시의 길을 가겠다.' 다짐하고 있으니 얼마나 기대되고 벅찬 일인가.

이 시집의 표지는 내가 그의 얼굴을 그리고, 친구 이대남 교수가 그 얼굴을 넣어 디자인했으니, 피아노 치는 이건실 교수가 축하 연주를 하고, 유명한 목회자가 된 또 하나의 친구 이을익 목사가 이 시인의 앞날을 위해 축도를 해 준다면 이야말로 '금상첨화' 아니겠는가 하는 생각을 해본다. 그러면 그 시절 만나서 밤을 지새우며 이상과 꿈을 노래하던 우리의 추억이 새롭게 채색되어지지 않겠는가. 아아, 생각만 해도 기분 좋은 일이다.

이중희

1988-2004. 미술세계 화랑 초대 개인전 일본/도쿄
1992. 안드레 자레 갤러리 초대개인전 뉴욕/소호
2000. 예술의 전당 개인전(칼-꽃-만다라) 서울
2006. 아세아 비엔날레. 방글라데시
2006. 꽁빠르죵. 프랑스/빠리
2007. 싸롱 도똔느. 프랑스/빠리
2008. 북경 세계 비엔날레. 중국/북경
2008. 대한민국 미술대전 운영위원 및 심사위원
1980-2012. 원광대학교 미술대학교수 역임
2000-2002. 원광대학교 미술대학장, 미술관장 역임
현재 원광대학교 명예교수

지금도 생각나는 낭만의 그 추억들

이 대 남
호원대학교 명예교수

내 친구 이종구 시인은 고등학교 시절부터 그 천재적인 예능의 재질이 넘치는 친구였다. 하지만 여러 가지 환경적인 요인으로 그 재능을 펴지 못하고 샐러리맨으로 살아가는 것이 안타까웠다. 그렇게 오랜 세월이 지났지만 다행히도 친구는 꿈을 포기하지 않았고 칠순이 한참 지난 나이에 시인의 반열에 올랐다. 그리고 이제 그동안 매듭으로 쌓였던 그의 생각들을 첫 시집으로 풀어 놓으니 더 없이 반갑고 친구인 내 마음도 후련하기 그지없다. 정말 기쁜 마음으로 첫 시집 상재를 축하드린다.

이종구 시인과 함께했던 고교시절은 말 그대로 청운의 꿈을 키우며 우정을 나누던 아름다운 시절이었다. 그래서 그 시절은 내 인생에서도 가장 소중하고 많은 이야기가 소복이 쌓여 있는 추억의 곳간으로 남아 있다.

이종구 시인과 나는 전북 익산시(당시는 이리시)에 있는 이리고등학교를 다녔는데 8회인 우리 때는 낙제제도가 있어서 1학년 때 3개이던 학급이 2학년을 거쳐 3학년에 올라가면서 인문계대학으로 진학할 문과(文科)와 이공계대학으로 진학할 이과(理科), 두 반으로 나뉘었다.

이때 이 시인과 나는 문과반이 되었고, 이 반에서도 특히 다섯 명의 친구가 죽이 아주 잘 맞아 각별한 사이가 되었다.

이 때 다섯명의 친구가 이종구(문학:시인), 이건실(음악:기악, 교수 역임), 이중희(미술:서양화, 교수 역임), 이대남(미술:산업디자인, 교수 역임), 이을익(신학:목사)인데 우연찮게도 성이 모두 이 씨였다. 그래서 우리는 자연스럽게 '이 씨들만의 그룹' 을 형성하게 되었고 서로의 집을 오가며 즐거운 학창시절을 보냈다. 그리고 그 소중한 인연이 끊기지 않고 오늘까지 평생 친구의 끈끈한 정으로 이어오고 있으니 그 든든함과 자랑스러움을 이루 다 표현할 길이 없다.

고등학교 시절 이종구 시인은 과묵하면서도 우리에게 자주 자작시를 읽어주며 시에 대한 관심과 이해도를 높여주었다. 하지만 친구의 시는 인생이며, 사랑이며, 글 수준이 높아 우리에겐 낮선 단어와 그 내용이 이해가 쉽지 않았다. 그때마다 친구는 시의 내용을 우리에게 설명해주며 이해를 도와주곤 했는데, 그때 이종구 시인의 정신세계는 우리보다 2년 이상은 성숙했었던 것 같다.

이종구 시인과 관련하여 잊을 수 없는 이야기가 하나 있다. 고등학교 3학년 겨울방학 때였다.

나는 이을익 친구의 권유로 청소년적십자회원으로 가입해 봉사활동을 하게 되었는데, 이때 추진하던 봉사활동이 책을 모아서 섬이나 산간 마을에 보내주는 것이었다. 그래서 책을 모으는 중에 종구 친구는 문학을 하니까 책을 많이 갖고 있을 것이고, 기부도 많이 할 수 있을 것이라는 생각이 들어서 을익 친구와 이야기를 나눈 끝에 자전거를 타고 정읍에 사는 종구 친구를 찾아가기로 했다. 그때는 시골엔 전화도 귀한 시절이

어서 연락도 못하고 그냥 얼른 갖다오기로 한 것이다.

익산에서 정읍까지는 약 60km. 자전거로도 꽤 먼 길이었다. 간간이 눈발도 날리고 추운 날씨였지만 열심히 달려서 해가 뉘엿뉘엿할 즈음, 종구네 초가집에 도착하였다. 조용한 친구 종구는 우리를 반갑게 맞으면서 어머니에게 인사를 시키고 자기의 방으로 안내하였다. 30촉 알전구가 켜진 방에는 앉은뱅이책상이 놓여 있었고 그 윗목의 구석엔 수수깡으로 엮은 고구마 둥우리가 자리잡고 있었다. 언 몸을 녹이며 그동안 못 만났던 우정을 나누고 있는데 잠시 후 어머니가 “대접할 게 없네. 이거라도 우선 들어” 하시면서 삶은 고구마와 싱건지 담은 상을 들고 오셨다. 따끈하고 달콤한 고구마와 새콤한 싱건지, 시장하니 그 맛은 더욱 꿀맛이었다.

하지만 갈 길 바쁜 우리는 오래 머물 수가 없었다. 자고 가라 만류했지만 찾아온 용건을 설명하고 책 몇 권을 받아 들고 부랴부랴 서둘러 자전거에 올랐다. 기대했던 만큼 많은 책을 얻지 못했으니 우리가 예상했던 계획에 차질이 온 셈이었다. 그러나 마음 한편으로 또 다른 뜨거움이 밀려 왔다. 문학을 전공하려면 많은 책들이 필요했을 터인데 친구가 쓴 글들에 비해서 그의 책꽂이는 너무도 초라했던 것이다. 가정 형편이 넉넉지 못한 시골에서 교과서 이외의 책을 사서 읽기 힘든 상황을, 그때 우리는 짐작조차 못했던 것이다.

돌아오는 길은 눈이 펄펄 내렸다. 낭만적인 풍경도 잠시, 어둠이 쌓여가는 눈길을 헤치며 자전거를 질질 끌고 눈과 사투를 벌였다. 뿌연 ‘이리역’ 불빛이 나타나자 ‘이젠 살았구나’ 안도하며 자전거로 대문을 차고 들어가 이내 쓰러져 버렸다.

얼마 후 눈을 뜨고 보니 아랫목 머리맡에 낯익은 식구들 얼굴이 보였다.

아- 지금도 하얀 겨울이면 몇십 년 전의 고교시절 이종구 시인의 집이 생각나고 힘들었던 그 낭만의 추억들이 고구마 줄기처럼 주렁주렁 따라 올라온다.

이대남

중앙대학교 예술대학 디자인학과 졸업
동 대학원졸업(전공:제품 디자인)
호원대학교 산업디자인학과 교수 역임
전북산업디자인협회 회장 역임
전국 대학미전 심사위원 역임
대한인간공학학회 평생회원
현재 호원대학교 명예교수

아름다운 사람에게

이 건 실

목포대학교 명예교수

송하! 자네의 마음결이 느껴지고 옛 기억에 가슴 저리게 하는 77편의 시를 읽고 또 읽었네. 나이가 많아지면 눈물도 많아지는가. 자네의 시들을 읽으면서 몇 번이나 눈물을 찍어냈네. 사람마다 제 설움에 겨워 운다지만 내가 알고 있는 자네 삶의 족적과 가버린 시절에 대한 내 그리움도 한 몫을 했을 것이네. 나는 자네가 참으로 자랑스럽고 이번 시집 발행이 기쁘다네.

며칠 전 올해 102세인 김형석 교수가 TV에 나와서 우리의 삶을 '100리 인생' 이라 부르며 기차에 비유하는 얘기를 들었네. 그분의 이야기에 따르면 우리가 고락을 함께했던 학창시절은 20리 초반 길이었네. 무엇이든 거칠 것 없고 두려울 것 없는 나이였지만 그때 우리의 발걸음은 벌써 조금은 무겁고 신중하기까지 했었네.

버거운 환경 속에서 개인의 삶과 사회적 공간을 홀로 넓혀가는 그 과정이 참으로 힘들었었네. 자네의 시에 드러나는 그런 흔적들을 읽으면서 머리가 끄덕여지기도 하고 혹한의 겨울을 이겨내고 피어난 파릇파릇한 시어들에 나 자신 위로받기도 하였네. 거칠고 먼 길을 헤쳐가면서 사명의식과 젊은 생각을 가지고 오랜 꿈을 일구어나가는 자네의 열정이 나를 부끄럽게 하고 새로운 용기를 주었다네. 나 자신의 음악생활과 교육자로서의 삶이 이제는 끝났구나 하며 나태해진 나에게 자네의 시집은 한 줄기 섬광처럼 내 정수를 쪼개듯이 정신이 번쩍 들게 하였네.

독주회를 가졌던 예술의전당, 국립극장, 세종문화회관의 반짝거리는 기억들이 늙은 독백처럼, 빛바랜 훈장처럼 스쳐가고, 내 분신인 피아노가 석고처럼 소리를 잃어버린 채 덩그렇게 놓여 있는 나에게, 자네의 시들은 새로운 마음가짐으로 꿈을 꾸게 하였네.

나누며 함께하는 삶 가운데 어머님과 하나님이 기뻐하는 이가 되어야지. 다시 한 번 축하하네. 자네의 시어처럼 나이 들어 하늘 더 깊으니 우리 함께 곱게 곱게 단풍 드세!

이건실

경희대학교 · 동 대학원 졸업

오스트리아 빈국립음대 수료, 콘서바토리움 졸업

경희대학교 음악대학 강사

국립목포대학교 음대 교수(36년간 재직) 정년퇴임

옥조근정훈장 받음

한국음악학회 · 피아노학회 이사 · 한국오디오클럽 이사

목포남성합창단 음악감독(20년)

생각을 다시 일깨우게 한 친구

이 을 익

목사 · 예루살렘선교회 회장

1962년 이른 봄 입학한 이리고등학교에서 종구(시인), 을익(목사), 대남(화가), 건실(피아니스트), 중희(화가), 다섯 사람은 '이씨 5인그룹' 으로 특기와 개성이 달랐지만 신통하게 잘 어울리며 아주 친하게 지냈습니다.

본 시집을 발간하게 된 친구 이종구는 나와 자취생활을 함께하기도 했는데, 당시 이리시내 남녀고등학교 문학서클인 〈포도원문학동인〉으로 남성고등학교 박범신(소설가) 등과 함께 문학토론도 하고 문학의 밤 행사를 열기도 하였습니다.

또한 우리 학교에서는 우리 다섯 친구들이 중심이 되어 이리시 문화원 전시실을 빌려서 〈제1회 이리고등학교 시화전〉을 열기도 하고, 몇 년 동안 발행이 중단되어 있던 교지《미령(彌嶺)》을 속간(續刊)하기도 하였습니다.

고등학교를 졸업한 후 각자의 대학 진학과 직업을 따라 흩어져 살면서 소식만 전하다가 어느 정도 생활이 안정되면서부터 가끔 만나 회포를 풀며 지내고 있습니다. 그리고 금번에 송하 이종구 친구가 보낸 시집《아름다운 것이 어찌 꽃들뿐이랴》를 읽으면서 60년 세월을 거슬러 돌이켜보게 되었습니다.

하나님께서 만드시고 꾸며놓은 대자연을 보면서 나는 "야! 멋있구나!" 감탄만 하며 달리기만 했습니다. 말 주변이 없고,

상황에 대한 표현력이 없어서 자연을 바라만 보며 살아온 것입니다. 그러나 친구 종구는 그 자연 속에 깊이 파고들어가 하나님의 숨결을 맛보며 함께 숨쉬는 가운데 인생을 즐기며 새로운 활기를 찾고 그 순간을 꼭 찍어서 표현한 시의 구절들이 피어나는 꽃과 같이 감동을 주고 있습니다.

하나님께서 꾸며놓은 자연의 피어나는 모습과 숨쉬시는 현장이 연령과 상황에 따라 다르게 표현된 시들을 감상하면서 많은 생각들이 떠올랐습니다. 인생의 본업에서 은퇴하고 막연하게 살아온 현장에서 생각을 다시 일깨우게 한 친구 종구에게 고마움을 전합니다. 그리고 이제부터 시작되는 삶이 언제까지 이루어질지 모르겠으나 이 시집에 표현된 현상처럼 자연과 사람들 속에서 상쾌하고 알찬 인생을 꾸미고 싶습니다.

이을익

대한예수교장로회(합동) 총회신학교 본과 졸업
삼례석전교회, 김제성정교회 전도사, 목사 역임
이리성광교회 담임목사 역임
육군대위 임관 군목 역임
함평중앙교회 부목사 역임
송정리신광교회 담임목사 역임
이리성광교회 담임목사 취임
예루살렘선교회 창립
대한예수교장로회(합동) 총회 회록서기 역임
이리성광교회 담임목사(36년 재임) 은퇴

아름다운 것이 어찌 꽃들뿐이랴

■

지은이 | 이종구

■

1판 1쇄 발행 2021년 4월 27일

■

펴낸이 | 길명수
펴낸곳 | 배문사
출판등록 1989년 3월 23일, 제10-312호
주소 서울시 서대문구 경기대로 76
전화 (02)393-7997
팩스 (02)313-2788
e-mail pmsa526@empas.com

■

편집 인쇄 삼중문화사

ISBN 89-87643-23-6 (03810)

값 12,000원